Teil zwei

BIBLISCHER LEITFADEN FÜR DIE ERZIEHUNG IM KINDERGARTENALTER

GOTT, UNSEREN VATER, KENNENLERNEN

„Ich habe euch geschrieben, Kinder, weil ihr den Vater erkannt habt."
1 Joh 2,14a (Rev. Elberfelder Bibel)

Die Entwicklung dieses Leitfadens war ein Gemeinschaftsprojekt von Dozenten und Studenten an der *University of the Nations* (The Early Childhood Education Centre, University of the Nations, Kailua-Kona, Hawaii)

Redaktion der englischen Originalausgabe: Barbara Nizza

Englische Originalausgabe

Titel der Originalausgabe:
A Biblical Foundation for Early Childhood Education
© 1996 University of the Nations, Kailua-Kona, Hawaii, ISBN 1-888191-01-5

Leitender Redakteur:
Carol Boyd (International Dean of the College of Education, University of the Nations, Kailua-Kona, Hawaii)

Redaktion:
Barbara Nizza (College of Education, University of the Nations, Kailua-Kona, Hawaii)

Redaktionelle Mitarbeiter:
Susan Bossard, Dawn Heres, Jim Nizza
Erzieher in Kindergärten von Jugend mit einer Mission

Projekt-Berater:
David Boyd (Chancellor, University of the Nations, Kailua-Kona, Hawaii)
Puanana Haug (ehemaliger Director of Early Childhood Education, U of N, Kona Campus)

Illustratoren:
John Firesheets, Morna Bisset, Vance Warwick

Deutsche Ausgabe:

© Jugend mit einer Mission, Hurlach
ISBN 3-930183-03-X

Übersetzung:
Mitarbeiter und Freunde von JMEM Hurlach

Original Grafik-Konzept/Umschlaggestaltung:
IMAGE Grafik-Design GmbH, Landsberg/Lech

Fotografen:
Mitarbeiter und Freunde von JMEM

Satz und Layoutarbeiten:
Uwe Weißkopf

Druck:
Siegl Druck & Medien GmbH & Co. KG, Friedrichshafen

Copyright © 1996 University of the Nations, Kailua-Kona, Hawaii. Alle Rechte vorbehalten. Kein Teil dieser Publikation darf vervielfältigt, übertragen, abgeschrieben, in Computer o.a. gespeichert oder in irgendeine Sprache, in irgendeiner Form, mit irgendwelchen Mitteln übersetzt werden ohne die schriftliche Erlaubnis von:
College of Education, University of the Nations, Kailua-Kona, Hawaii 96740 USA.

Zu beziehen bei:
JMEM Hainichen, Berthelsdorfer Str. 7, D-09661 Hainichen
Tel. 037207/569021, Fax 037207/569028

Verwendete Bibelübersetzungen in diesen Arbeitsmaterialien

Alle Bibelzitate aus dem „Persönlichen Bibelstudium" sowie der „Merkvers" wurden, wenn nicht anders angegeben, entnommen aus:

Einheitsübersetzung der Heiligen Schrift
© 1980 Katholische Bibelanstalt, Stuttgart.

Mit „Rev. Elberfelder Bibel" markierte Bibelzitate sind entnommen aus:

Revidierte Elberfelder Bibel
© 1985/1991 R. Brockhaus Verlag, Wuppertal.

Mit „Hoffnung für alle" markierte Bibelzitate sind entnommen aus:

Hoffnung für alle
Brunnen-Verlag Basel und Gießen
© 1983, 1996 by International Bible Society

Mit „Gute Nachricht" markierte Bibelzitate sind entnommen aus:

Gute Nachricht Bibel, revidierte Fassung
© 1997 Deutsche Bibelgesellschaft, Stuttgart.

Mit „Lutherbibel 1984" markierte Bibelzitate sind entnommen aus:

Lutherbibel, revidierter Text 1984
mit Genehmigung der Deutschen Bibelgesellschaft Stuttgart.

Vorwort

Gottes Volk wird sich mehr und mehr bewußt, wie dringend notwendig es ist, die nächste Generation mit Gottes Wegen vertraut zu machen. Das geschieht nicht automatisch oder durch eine einfache Formel. Es erfordert Zeit, Kraft, Mühe und immer wieder das Sterben meines Selbst. Aber es kann - ja, es muß geschehen. Gott hat Eltern die Verantwortung für die Weitergabe übertragen; andere Personen, die das Leben der Kinder in ihren prägenden Jahren mitbeeinflussen, sollen auch daran Anteil haben.

Als Erzieher nehmen wir unsere Mitverantwortung ernst, indem wir mit den Eltern zum Wohl der Kinder arbeiten. In Situationen, in denen ein Elternteil oder sogar beide fehlen, glauben wir, daß Gottes Gnade umso größer ist, und diese Kinder ihren himmlischen Vater auf ganz besondere Weise kennenlernen können.

Dieser biblische Leitfaden bietet Erziehern, Kindermitarbeitern und Eltern ein Werkzeug, mit dem sie Gottes Wege und sein Wesen der heute heranwachsenden Generation vermitteln können. Dieses Konzept geht davon aus, daß Kinder schon in frühen Jahren Gott kennenlernen können, und daß die Bibel in allen Lebensbereichen anwendbar ist. Es macht deutlich, daß der lebendige Gott nicht in einen Winkel unseres Zimmers oder in einen kurzen Augenblick des Tages verbannt werden kann, sondern daß er unsere Räume durchdringen, sich in den Erziehern widerspiegeln und im Lernprozeß der Kinder willkommen sein möchte.

Ein Werkzeug ist nur so effektiv wie der Arbeiter, der es benutzt. Bitten Sie Gott, daß er sich Ihnen immer wieder neu offenbart, damit Sie den Kindern seine Wege auf ansprechende Weise vermitteln können.

Ein Wort des Dankes

Ohne den pionierhaften Mut und Glauben von Frau Jan Jones wäre dieser Leitfaden nie zustande gekommen. Danke, Jan, daß Du die Initiative ergriffen hast, diesen Leitfaden zu entwickeln, der vielen Leuten das Verständnis dafür öffnen wird, wie Gottes Prinzipien auch bei kleinen Kindern anwendbar sind.

Dankbar erkennen wir auch den Beitrag aller Studenten an, die seit 1979 die *School of Early Childhood Education* an der *University of the Nations* absolviert haben. Unser Dank gilt auch all den eifrigen Männern und Frauen, die intensive Forschungen angestellt, Ideen eingebracht und biblische Prinzipien im Kindergarten angewandt haben.

Wir danken allen Mitarbeitern in Kindergärten von *Jugend mit einer Mission* in der ganzen Welt. Sie haben bewiesen, daß biblische Prinzipien in allen Kulturen und Situationen anwendbar sind.

Wir danken auch all den kostbaren Jungen und Mädchen, die die Arbeit an diesem Leitfaden mit Spaß gewürzt haben.

Der Herausgeber

University of the Nations (Universität der Nationen)

Die „University of the Nations" (U of N) ist ein Dienstzweig von „Youth With A Mission" (YWAM). Die „U of N" möchte ein Multiplikator für Mission sein, um zur Erfüllung des Missionsbefehls nach Matthäus 28,19-20 beizutragen. Sie ist eine Universität, die in vielen Ländern und auf jedem Kontinent Zweigstellen hat. Jede dieser Zweigstellen hat sich verpflichtet, Männer und Frauen in Gottes Wegen anzuleiten, während sie fachlich dazu ausgebildet werden, in einem breiten Spektrum von Berufssparten ihren Platz einzunehmen und die Welt für Christus zu erreichen.

In bisher sieben Fakultäten bietet die U of N Gelegenheit zu Universitätsstudien und Schulung für jeden, ungeachtet seiner Rasse, Nationalität, Denomination und seines wirtschaftlichen Hintergrundes. Die U of N verfügt weltweit über ca. 150 Schulungsstätten mit einem internationalen Mitarbeiterstab und einer ebenso internationalen Studentenschaft. Schulungskurse werden in folgenden Bereichen angeboten:

* Christliche Dienste
* Kommunikation
* Seelsorge und Gesundheitswesen
* Erziehung
* Humanwissenschaft und Internationale Politik
* Darstellende Kunst
* Wissenschaft und Technologie

Weitere Informationen sind erhältlich bei:

University of the Nations
Registrar's Office
75-5851 Kuakini Highway
KAILUA-KONA, HI 96740, USA

Tel.: 001—808-326-7228 oder -326-4400
Fax: 001-808-329-2387
E-mail: info@uofn.edu
Internet website: http://www.uofn.edu

YOUTH WITH A MISSION / JUGEND MIT EINER MISSION

Jugend mit einer Mission (JMEM), die Stammorganisation, ist eine internationale Bewegung von Christen mit dem Ziel, Jesus Christus der heutigen Generation persönlich bekanntzumachen, möglichst viele Menschen zur Mithilfe bei dieser Aufgabe zu gewinnen und Gläubige zu schulen und zuzurüsten für ihre Aufgaben bei der Erfüllung des Missionsbefehls. Als Bürger des Königreichs Gottes sind wir gerufen, unseren Herrn zu lieben, ihn anzubeten und ihm zu gehorchen, seinen Leib, die Kirche, zu lieben und ihr zu dienen und das ganze Evangelium für den ganzen Menschen in der ganzen Welt zu verbreiten.

Über 9000 vollzeitige JMEM-Mitarbeiter dienen in den Bereichen Evangelisation, Schulung und Barmherzigkeitsdienste. Es gibt ca. 600 Dienstzentren in über 100 Ländern. Zusätzlich beteiligen sich jährlich ca. 20 000 Personen an Kurzzeit-Projekten, die JMEM durchführt.

„Statement of Purpose" - Glaubensbekenntnis

Wir glauben, daß die Bibel Gottes inspiriertes und verbindliches Wort ist, das Jesus Christus als Sohn Gottes offenbart, und daß der Mensch nach Gottes Ebenbild geschaffen ist, daß Gott uns geschaffen hat, damit wir durch Jesus Christus ewiges Leben haben, und daß, obwohl alle Menschen gesündigt und Gottes Herrlichkeit nicht erlangt haben, Gott die Errettung durch den Tod Jesu Christi am Kreuz ermöglicht hat, daß Buße, Glaube, Liebe und Gehorsam angemessene Antworten auf Gottes Gnadenangebot uns gegenüber sind, daß Gott will, daß alle Menschen gerettet werden und zur Erkenntnis der Wahrheit kommen, und daß die Kraft des Heiligen Geistes in und durch uns wirkt, um den letzten Befehl Jesu Christi zu erfüllen: „Geht hin in alle Welt und predigt das Evangelium der gesamten Schöpfung." (Markus 16,15)

Hilfen zum Verständnis der Lektionen
Einführung zu den einzelnen Elementen einer Lektion

Dieser Leitfaden enthält 12 Lektionen. Jede dieser Lektionen kann im Kindergarten in einer oder zwei Wochen, aber auch in Kinderstunden über einen längeren Zeitraum hinweg gelehrt werden. Auf den folgenden Seiten werden die Elemente dieser Lektionen erklärt.

Die **ERSTE SEITE** gibt dem Erzieher eine Hinführung zum Thema der Lektion. Ein biblisches Prinzip wird in einer für Kinder verständlichen Sprache eingeführt.

V1 steht für die erste Lektion im Leitfaden „Gott, den **V**ater, kennenlernen".

Hilfen zum Verständnis der Lektionen

NOTIZEN ...in diesem Feld kann der Erzieher
Gedanken
Einsichten
gute Ideen
zusätzliche Aktivitäten
Quellen
Zitate
usw. festhalten.

Zu jeder Lektion wurde ein **MERKVERS** ausgesucht, um das Auswendiglernen von Bibelversen zu fördern. Ein dazu passendes **LIED** kann der Erzieher aus einem der auf S. xii aufgeführten Liederbücher auswählen.

Jede Lektion beinhaltet 4 Lehrelemente:
Ein **BIBELTHEMA**, um das biblische Prinzip durch eine Geschichte zu veranschaulichen;
GEBET, um die Beziehung der Kinder zu Gott zu fördern und zu stärken;
BEZUG ZUM ALLTAG DES KINDES, um das biblische Prinzip auf kindgemäße Art und Weise umzusetzen;
SCHÖPFUNGSTHEMA, bei dem ein Aspekt der Schöpfung erkundet und untersucht wird.

IDEEN FÜR DIE PINNWAND beziehen sich auf das biblische Prinzip oder das jeweilige Schöpfungsthema. Die Vorlagen können abgezeichnet, vergrößert oder nach eigenen Vorstellungen verändert werden. Verwirklichen Sie eigene Ideen.

BASTELIDEEN ZUM SCHÖPFUNGSTHEMA sind Bastelarbeiten mit Bezug zum Schöpfungsthema. Wenn man das Projekt erklärt hat, kann die Ausführung für die Freispielzeit zur Auswahl gestellt werden. Einige Projekte sind auch für die große Gruppe gedacht.

ANREGUNGEN FÜR DIE ELTERN wollen helfen, die Familie in Aktivitäten einzubeziehen, die mit den Lehrthemen in Verbindung stehen. Sie können in den Elternbrief aufgenommen werden.

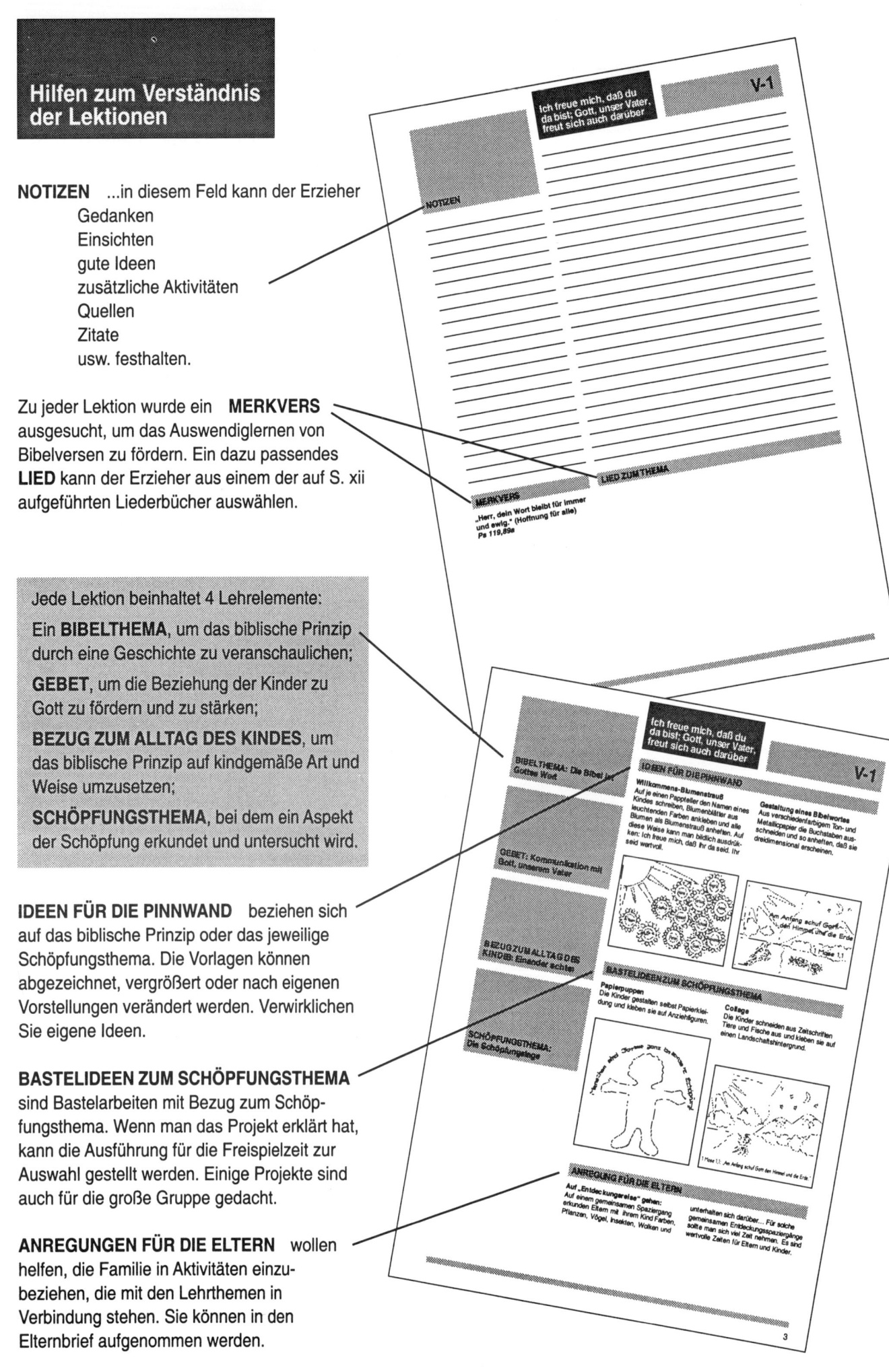

Hilfen zum Verständnis der Lektionen

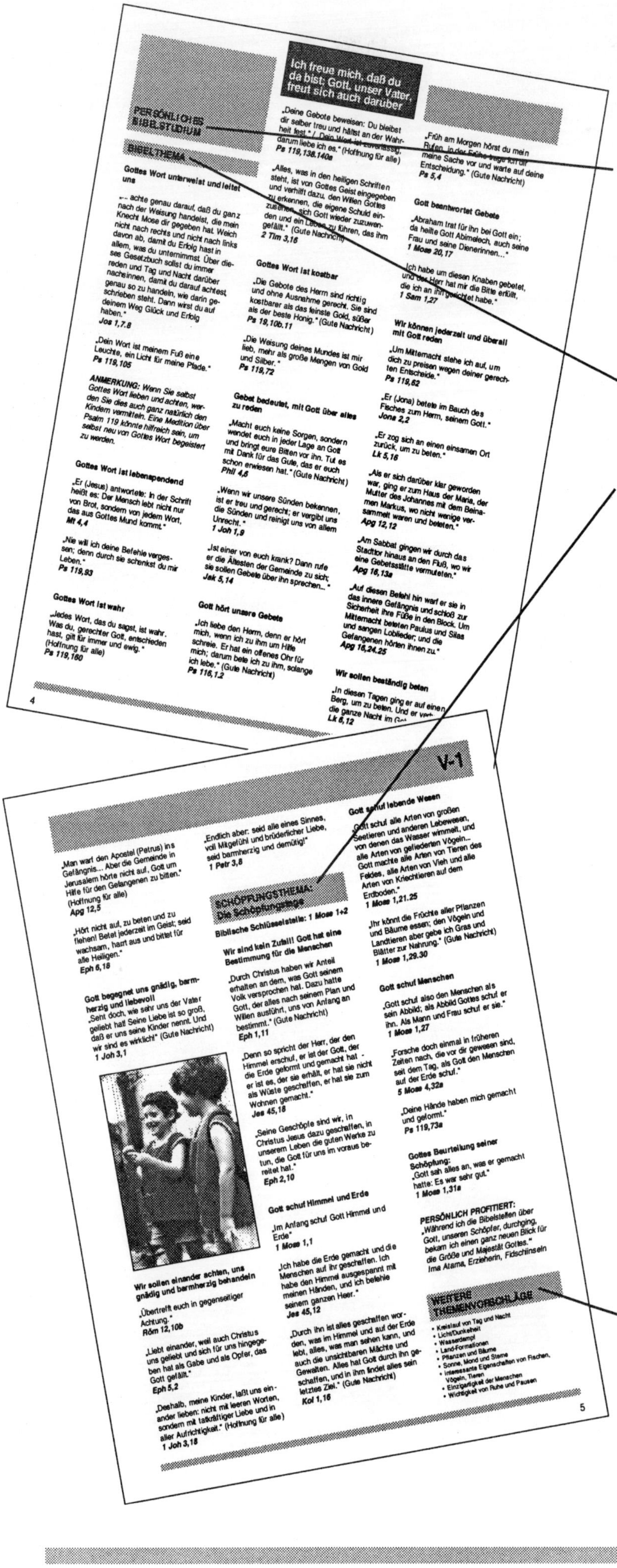

PERSÖNLICHES BIBELSTUDIUM für den Erzieher. Auf diesen Seiten sind Bibelstellen aufgeführt, die sich auf das biblische Prinzip der Lektion beziehen und hilfreich sind für die persönliche Vorbereitung. Sie sind unterteilt in zwei Gruppen:

1. BIBELTHEMA - Schriftstellen zu den Einheiten Bibelthema, Gebet und Bezug zum Alltag des Kindes

2. SCHÖPFUNGSTHEMA - Schriftstellen, die sich auf das Schöpfungsthema beziehen

Wozu können die unter „Persönliches Bibelstudium" zitierten Schriftstellen dienen?

Hier sind einige Möglichkeiten:

* Anleitung für die persönliche Bibelmeditation des Erziehers
* Grundlage für ein Bibelstudium des Erziehers
* Grundlage für die entsprechenden Lehreinheiten

Betendes Betrachten der Schriftstellen kann zu neuem Verständnis von Gottes Wesen und seinem Handeln führen und auch zu mehr Wertschätzung unserer Umwelt. Die aufgelisteten Schriftstellen können ergänzt werden durch solche, die Ihnen zum Thema einfallen oder wichtig sind.

WEITERE THEMENVORSCHLÄGE sind zusätzliche Aufgaben zur Vertiefung des Schöpfungsthemas. Nachschlagewerke und Kinderbücher sind hierbei eine Informationshilfe.

ix

Hilfen zum Verständnis der Lektionen

Elemente einer Lektion

EIN EINLEITENDER TEXT... beleuchtet den Hintergrund und führt in das Thema ein, um einen Überblick über die biblische Geschichte oder das Lehrthema zu vermitteln.

ZIELE sind Vorschläge für Lernziele der verschiedenen Einheiten, damit dem Erzieher klar vor Augen steht, was erreicht werden soll.

MATERIAL hier werden passende Hilfsmittel für die jeweilige Einheit vorgeschlagen. Einige davon sind für dem Thema entsprechende Lernzentren geeignet, andere für die Gruppensituation bzw. Kreiszeiten.

BIBELTHEMA Die Bibeleinheiten lehren, was Gott in seinem Wort, der Bibel sagt. Sie sollen kurz, einfach und dem Verständnis eines Kindes gemäß sein und dabei das biblische Prinzip dieser Lehreinheit verdeutlichen. Die praktische Anwendung erfolgt aber erst in der Einheit 'Bezug zum Alltag des Kindes'. Kinder lieben Wiederholungen. Wenn ein Kind eine Geschichte fünfmal gehört hat, kann es sie meistens wiedererzählen.

Ein gutes Buch mit biblischen Geschichten oder eine Kinderbibel kann eine Erzählhilfe für die meisten in diesen Lektionen behandelten Geschichten sein.

Empfohlene Dauer für eine Bibeleinheit: 5 Minuten.

GEBET Diese Einheiten wollen den Kindern das Gebet nahebringen und den Rahmen dafür schaffen, daß die Kinder in ihrer Kommunikation mit Gott, unserem Vater, wachsen. Der Erzieher fördert dies, wenn er Gebet als etwas ganz Natürliches vorlebt und hervorhebt, daß es Freude macht, mit Gott zu sprechen und auf ihn zu hören.

Elemente der Einheiten Gebet sind: lernen, auf Gott zu hören; füreinander beten; Teilnahme an der Fürbitte für die Menschen dieser Welt.

Empfohlene Dauer für eine Gebetseinheit: 5 Minuten.

Hilfen zum Verständnis der Lektionen

BEZUG ZUM ALLTAG DES KINDES In diesen Einheiten wird das biblische Prinzip der jeweiligen Lektion praktisch umgesetzt. Einige Möglichkeiten dazu:

Rollenspiele
richtiges Verhalten vorspielen
richtiges Verhalten einüben
Erfahrungsberichte und Geschichten aus dem Leben
erklärende Gespräche mit den Kindern
Spiele

Empfohlene Dauer für diese Einheit: 5 Minuten

Zu Ihrer Erheiterung wurden Geschichten oder Zitate aus Kindermund in einige Lektionen eingefügt. Erzieher aus der ganzen Welt haben Kindern zugehört und deren ungewöhnliche Perspektiven festgehalten.

SCHÖPFUNGSTHEMA Diese Einheiten behandeln jeweils einen bestimmten Aspekt von Gottes Schöpfung und beginnen immer mit einer Zusammenfassung der Schöpfungsgeschichte. Dann haben die Kinder Gelegenheit, neue Dinge in Gottes großartiger Welt zu entdecken.

Diese Einheiten erfordern, daß der Erzieher sich informiert, zusätzliche Bücher und anderes Hilfsmaterial aus Bibliotheken besorgt, daß er draußen in der Natur Anschauungsmaterial zum Thema sammelt und eine Sammlung von Bildern anlegt, die zu der jeweiligen Einheit passen. Die folgenden Seiten geben hierzu noch weitere Informationen.

Empfohlene Dauer für die Einheit 'Schöpfungsthema': 15 Minuten

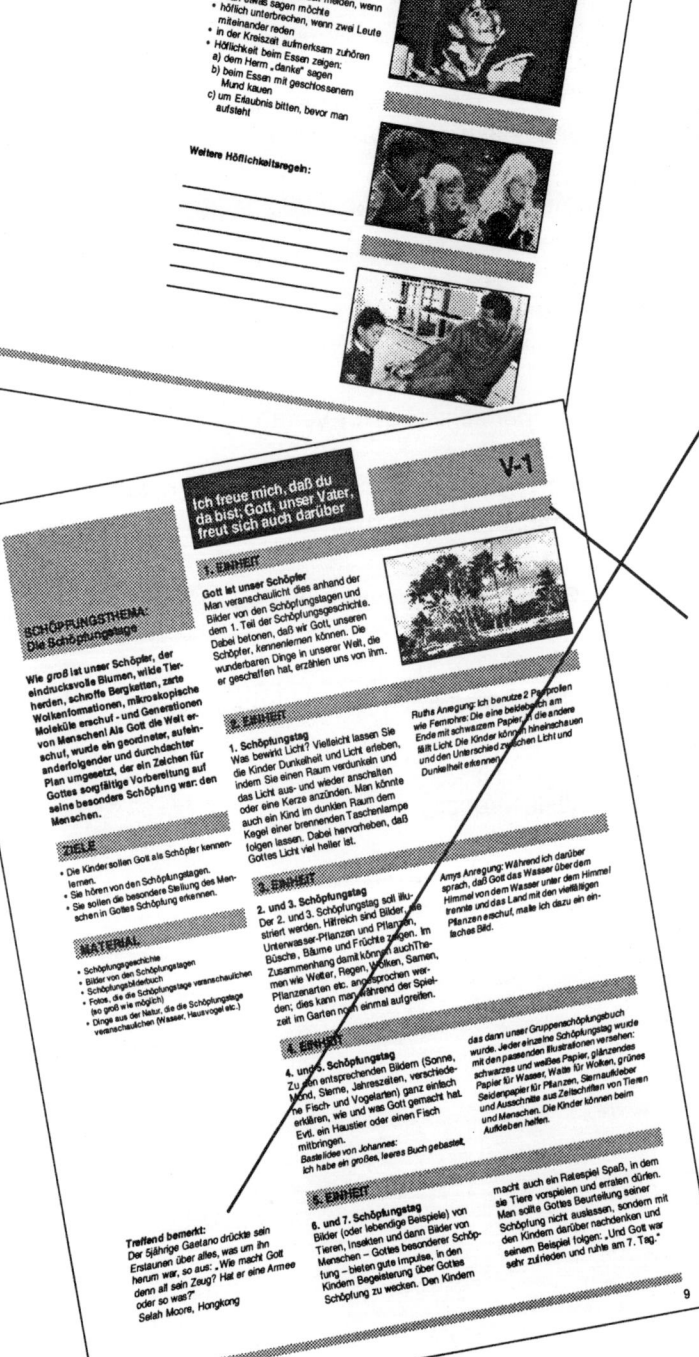

Empfehlenswerte Liederbücher und CDs

* Du bist Herr, Kids, Projektion J; 220 Lieder für Kinder, z.T. mit Bewegungsanleitungen und Gitarrenakkorden

* Daniel Kallauch, Das große Daniel Kallauch Liederbuch, cap!music; fast 60 Daniel-Kalauch-Lieder mit Bewegungsanleitungen, Gitarrenakkorden und Klaviersätzen

* Das große Daniel-Kallauch-Liederbuch 2, cap!music; über 50 Lieder aus „Hurra für Jesus 5, 6, 8, 9" mit Bewegungsanleitungen

* Hurra für Jesus, 1-9, Daniel Kallauch und andere

* Margret Birkenfeld, Ja, Gott hat alle Kinder lieb, Musikverlag Klaus Gerth

* Meine Lieder - deine Lieder, Hänssler-Verlag; über 230 der meistgesungenen und schönsten Kinderlieder

* Freude steckt an - Fortsetzung von „Meine Lieder - deine Lieder" mit 60 neuen Kinderliedern; einstimmige Sätze mit Gitarrengriffen

* Rolf Krenzer, Heute wird es wieder schön, Lahn-Verlag

* Rolf Krenzer, u.v.a., Liederbuch zum Umhängen 1; 100 der schönsten religiösen Kinderlieder, Menschenkinder Verlag

* Detlef Jöcker, Viele kleine Leute, Menschenkinder Verlag; 20 religiöse Kinderlieder

* CD Brettheimer Kinderchor, Hier bei uns, da geht es fröhlich zu, Hänssler-Verlag

* CD Brettheimers Beste, Hänssler-Verlag

INHALT

Gott, unseren Vater, kennenlernen

V1 ....S. 1
Ich freue mich, daß du da bist; Gott, unser Vater, freut sich auch darüber

BIBELTHEMA: Die Bibel ist Gottes Wort
GEBET: Kommunikation mit Gott, unserem Vater
BEZUG ZUM ALLTAG DES KINDES: Einander achten
SCHÖPFUNGSTHEMA: Die Schöpfungstage

V2 ....S. 11
Gott ist unser Vater; wir sind seine Kinder, und er hat uns alle gleich lieb

BIBELTHEMA: Wir sind nach Gottes Ebenbild geschaffen
GEBET: Für andere Menschen beten
BEZUG ZUM ALLTAG DES KINDES: Menschen sind wertvoll
SCHÖPFUNGSTHEMA: Der Körper des Menschen

V3 ....S. 21
Gott ist mein Vater; ich bin sein Kind

BIBELTHEMA: Ich bin einzigartig und wunderbar gemacht
GEBET: Gott hört meine Stimme
BEZUG ZUM ALLTAG DES KINDES: Die Einzigartigkeit jedes einzelnen Menschen schätzen lernen
SCHÖPFUNGSTHEMA: Ich bin einzigartig

V4 ....S. 31
Gott ist unser Vater; was können wir über ihn wissen?

BIBELTHEMA: Gottes Natur
GEBET: Gottes Natur motiviert uns, zu beten
BEZUG ZUM ALLTAG DES KINDES: Gottes angemessene Erwartungen an uns
SCHÖPFUNGSTHEMA: Von Gott Geschaffenes / von Menschen Gemachtes

V5 ....S. 41
Gott, unser Vater, weiß, was am besten für uns ist

BIBELTHEMA: Adam und Eva vor dem Sündenfall
GEBET: Beten für Menschen, die keine Bibel haben
BEZUG ZUM ALLTAG DES KINDES: Die Bibel sagt uns, wie wir leben sollen
SCHÖPFUNGSTHEMA: Die Grundbedürfnisse des Menschen

V6 ....S. 51
Gott, unser Vater, möchte, daß wir ihm gehorchen

BIBELTHEMA: Adams und Evas Ungehorsam; Noahs Gehorsam
GEBET: Was können wir gegen Ungehorsam tun?
BEZUG ZUM ALLTAG DES KINDES: Gehorsam lernen und üben
SCHÖPFUNGSTHEMA: Der Regenbogen

V7 ....S. 61
Gott, unser Vater, versteht unsere Gefühle, denn er hat auch Gefühle

BIBELTHEMA: Josefsgeschichte
GEBET: Wir dürfen Gott erzählen, wie wir uns fühlen
BEZUG ZUM ALLTAG DES KINDES: Unsere Gefühle kennen- und verstehenlernen
SCHÖPFUNGSTHEMA: Wie kommen wir zur Kleidung?

V8 ....S. 71
Gott, unser Vater, überfordert uns nicht

BIBELTHEMA: Mose führt das Volk aus Ägypten
GEBET: Lobpreis und Anbetung
BEZUG ZUM ALLTAG DES KINDES: Gott, unser Vater, hilft uns, seinen Befehlen zu folgen
SCHÖPFUNGSTHEMA: Insekten

V9 ....S. 81
Gott, unser Vater, freut sich, wenn wir mit ihm reden; er hört uns immer zu

BIBELTHEMA: David, der Hirte und Liederdichter
GEBET: Verschiedene Ausdrucksformen von Gebet
BEZUG ZUM ALLTAG DES KINDES: Zuhören üben
SCHÖPFUNGSTHEMA: Schafe

V10 ....S. 91
Gott, unser Vater, ist gut

BIBELTHEMA: Das Öl der Witwe
GEBET: Um Erkenntnis der Güte Gottes beten
BEZUG ZUM ALLTAG DES KINDES: Verschiedene Zeichen der Güte Gottes
SCHÖPFUNGSTHEMA: Öl

V11 ....S. 101
Gott, unser Vater, ist der große und allmächtige Gott, der einzig wahre Gott

BIBELTHEMA: Die drei Männer im Feuerofen
GEBET: Gebet für Menschen, die den einen, wahren Gott noch nicht kennen
BEZUG ZUM ALLTAG DES KINDES: Götter von Menschenhand gemacht aus Holz, Stein, Metall und Papier
SCHÖPFUNGSTHEMA: Feuer

V12 ....S. 111
Gott, unser Vater, ist vertrauenswürdig

BIBELTHEMA: Daniel in der Löwengrube
GEBET: Fürbitte für Christen in gefährlichen Situationen
BEZUG ZUM ALLTAG DES KINDES: Menschen, die auf Gott vertrauen
SCHÖPFUNGSTHEMA: Löwen

Ich freue mich, daß du da bist; Gott, unser Vater, freut sich auch darüber

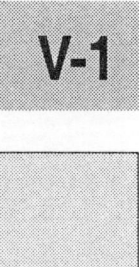

„Warum freue ich mich, daß du da bist? Weil du jemand ganz Besonderes bist. Ich wußte, daß du kommst, und deshalb habe ich diesen Raum so für dich vorbereitet, daß du dich darin wohlfühlst. Ich freue mich, dich kennenzulernen!"

Wenn selbst wir Menschen Fürsorge direkt und indirekt ausdrücken können, wieviel mehr kann es Gott, unser Vater und Schöpfer. Er liebt uns mehr als jeder andere und hatte für uns eine wunderschöne Umgebung geplant: das Paradies. Alles, was wir brauchen, war da: Luft zum Atmen, Nahrung zum Essen und wunderschöne Dinge, die wir genießen, und an denen wir uns freuen sollen. In diese unermeßliche, gewaltige Pracht setzte Gott seine besondere Schöpfung, den Menschen, mit dem er so gerne Gemeinschaft haben möchte. Wir haben einen wunderbaren Schöpfer!

Ich freue mich, daß du da bist; Gott, unser Vater, freut sich auch darüber

V-1

NOTIZEN

MERKVERS

„Herr, dein Wort bleibt für immer und ewig." (Hoffnung für alle)
Ps 119,89a

LIED ZUM THEMA

Ich freue mich, daß du da bist; Gott, unser Vater, freut sich auch darüber

V-1

BIBELTHEMA: Die Bibel ist Gottes Wort

GEBET: Kommunikation mit Gott, unserem Vater

BEZUG ZUM ALLTAG DES KINDES: Einander achten

SCHÖPFUNGSTHEMA: Die Schöpfungstage

IDEEN FÜR DIE PINNWAND

Willkommens-Blumenstrauß
Auf je einen Pappteller den Namen eines Kindes schreiben, Blumenblätter aus leuchtenden Farben ankleben und alle Blumen als Blumenstrauß anheften. Auf diese Weise kann man bildlich ausdrücken: Ich freue mich, daß Ihr da seid. Ihr seid wertvoll.

Gestaltung eines Bibelwortes
Aus verschiedenfarbigem Ton- und Metallicpapier die Buchstaben ausschneiden und so anheften, daß sie dreidimensional erscheinen.

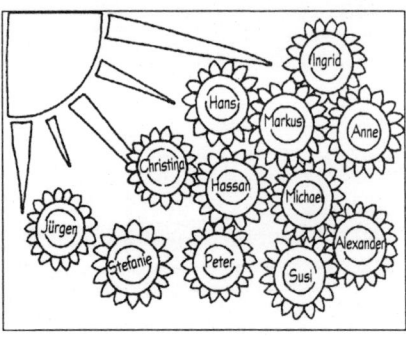

BASTELIDEEN ZUM SCHÖPFUNGSTHEMA

Papierpuppen
Die Kinder gestalten selbst Papierkleidung und kleben sie auf Anziehfiguren.

Collage
Die Kinder schneiden aus Zeitschriften Tiere und Fische aus und kleben sie auf einen Landschaftshintergrund.

ANREGUNG FÜR DIE ELTERN

Auf „Entdeckungsreise" gehen:
Auf einem gemeinsamen Spaziergang erkunden Eltern mit ihrem Kind Farben, Pflanzen, Vögel, Insekten, Wolken und unterhalten sich darüber... Für solche gemeinsamen Entdeckungsspaziergänge sollte man sich viel Zeit nehmen. Es sind wertvolle Zeiten für Eltern und Kinder.

PERSÖNLICHES BIBELSTUDIUM

BIBELTHEMA

Ich freue mich, daß du da bist; Gott, unser Vater, freut sich auch darüber

Gottes Wort unterweist und leitet uns

„... achte genau darauf, daß du ganz nach der Weisung handelst, die mein Knecht Mose dir gegeben hat. Weich nicht nach rechts und nicht nach links davon ab, damit du Erfolg hast in allem, was du unternimmst. Über dieses Gesetzbuch sollst du immer reden und Tag und Nacht darüber nachsinnen, damit du darauf achtest, genau so zu handeln, wie darin geschrieben steht. Dann wirst du auf deinem Weg Glück und Erfolg haben."
Jos 1,7.8

„Dein Wort ist meinem Fuß eine Leuchte, ein Licht für meine Pfade."
Ps 119,105

ANMERKUNG: *Wenn Sie selbst Gottes Wort lieben und achten, werden Sie dies auch ganz natürlich den Kindern vermitteln. Eine Medition über Psalm 119 könnte hilfreich sein, um selbst neu von Gottes Wort begeistert zu werden.*

Gottes Wort ist lebenspendend

„Er (Jesus) antwortete: In der Schrift heißt es: Der Mensch lebt nicht nur von Brot, sondern von jedem Wort, das aus Gottes Mund kommt."
Mt 4,4

„Nie will ich deine Befehle vergessen; denn durch sie schenkst du mir Leben."
Ps 119,93

Gottes Wort ist wahr

„Jedes Wort, das du sagst, ist wahr. Was du, gerechter Gott, entschieden hast, gilt für immer und ewig." (Hoffnung für alle)
Ps 119,160

„Deine Gebote beweisen: Du bleibst dir selber treu und hältst an der Wahrheit fest." / „Dein Wort ist zuverlässig, darum liebe ich es." (Hoffnung für alle)
Ps 119,138.140a

„Jede Schrift, die von Gottes Geist eingegeben wurde, ist nützlich für die Unterweisung im Glauben, für die Zurechtweisung und Besserung der Irrenden, für die Erziehung zu einem Leben, das Gott gefällt." (Gute Nachricht)
2 Tim 3,16

Gottes Wort ist kostbar

„Die Gebote des Herrn sind richtig und ohne Ausnahme gerecht. Sie sind kostbarer als das feinste Gold, süßer als der beste Honig." (Gute Nachricht)
Ps 19,10b.11

„Die Weisung deines Mundes ist mir lieb, mehr als große Mengen von Gold und Silber."
Ps 119,72

Gebet bedeutet, mit Gott über alles zu reden

„Macht euch keine Sorgen, sondern wendet euch in jeder Lage an Gott und bringt eure Bitten vor ihn. Tut es mit Dank für das, was er euch geschenkt hat." (Gute Nachricht)
Phil 4,6

„Wenn wir unsere Sünden bekennen, ist er treu und gerecht; er vergibt uns die Sünden und reinigt uns von allem Unrecht."
1 Joh 1,9

„Ist einer von euch krank? Dann rufe er die Ältesten der Gemeinde zu sich; sie sollen Gebete über ihn sprechen..."
Jak 5,14

Gott hört unsere Gebete

„Ich liebe den Herrn, denn er hört mich, wenn ich zu ihm um Hilfe schreie. Er hat ein offenes Ohr für mich; darum bete ich zu ihm, solange ich lebe." (Gute Nachricht)
Ps 116,1.2

„Früh am Morgen hörst du mein Rufen, in der Frühe trage ich dir meine Sache vor und warte auf deine Entscheidung." (Gute Nachricht)
Ps 5,4

Gott beantwortet Gebete

„Abraham trat für ihn bei Gott ein; da heilte Gott Abimelech, auch seine Frau und seine Dienerinnen..."
1 Mose 20,17

„Ich habe um diesen Knaben gebetet, und der Herr hat mir die Bitte erfüllt, die ich an ihn gerichtet habe."
1 Sam 1,27

Wir können jederzeit und überall mit Gott reden

„Um Mitternacht stehe ich auf, um dich zu preisen wegen deiner gerechten Entscheide."
Ps 119,62

„Er (Jona) betete im Bauch des Fisches zum Herrn, seinem Gott."
Jona 2,2

„Er zog sich an einen einsamen Ort zurück, um zu beten."
Lk 5,16

„Als er sich darüber klar geworden war, ging er zum Haus der Maria, der Mutter des Johannes mit dem Beinamen Markus, wo nicht wenige versammelt waren und beteten."
Apg 12,12

„Am Sabbat gingen wir durch das Stadttor hinaus an den Fluß, wo wir eine Gebetsstätte vermuteten."
Apg 16,13a

„Auf diesen Befehl hin warf er sie in das innere Gefängnis und schloß zur Sicherheit ihre Füße in den Block. Um Mitternacht beteten Paulus und Silas und sangen Loblieder; und die Gefangenen hörten ihnen zu."
Apg 16,24.25

Wir sollen beständig beten

„In diesen Tagen ging er auf einen Berg, um zu beten. Und er verbrachte die ganze Nacht im Gebet zu Gott."
Lk 6,12

V-1

„Man warf den Apostel (Petrus) ins Gefängnis... Aber die Gemeinde in Jerusalem hörte nicht auf, Gott um Hilfe für den Gefangenen zu bitten." (Hoffnung für alle)
Apg 12,5

„Hört nicht auf, zu beten und zu flehen! Betet jederzeit im Geist; seid wachsam, harrt aus und bittet für alle Heiligen."
Eph 6,18

Gott begegnet uns gnädig, barmherzig und liebevoll

„Seht doch, wie sehr uns der Vater geliebt hat! Seine Liebe ist so groß, daß er uns seine Kinder nennt. Und wir sind es wirklich: Gottes Kinder!" (Gute Nachricht)
1 Joh 3,1a

Wir sollen einander achten, uns gnädig und barmherzig behandeln

„Übertrefft euch in gegenseitiger Achtung."
Röm 12,10b

„Liebt einander, weil auch Christus uns geliebt und sich für uns hingegeben hat als Gabe und als Opfer, das Gott gefällt."
Eph 5,2

„Deshalb, meine Kinder, laßt uns einander lieben: nicht mit leeren Worten, sondern mit tatkräftiger Liebe und in aller Aufrichtigkeit." (Hoffnung für alle)
1 Joh 3,18

„Endlich aber: seid alle eines Sinnes, voll Mitgefühl und brüderlicher Liebe, seid barmherzig und demütig!"
1 Petr 3,8

SCHÖPFUNGSTHEMA: Die Schöpfungstage

Biblische Schlüsselstelle: *1 Mose 1+2*

Wir sind kein Zufall! Gott hat eine Bestimmung für die Menschen

„Durch Christus haben wir Anteil bekommen am künftigen Heil. Dazu hat Gott uns von Anfang an bestimmt nach seinem Plan und Willen - er, der alle Dinge bewirkt." (Gute Nachricht)
Eph 1,11

„Denn so spricht der Herr, der den Himmel erschuf, er ist der Gott, der die Erde geformt und gemacht hat - er ist es, der sie erhält, er hat sie nicht als Wüste geschaffen, er hat sie zum Wohnen gemacht."
Jes 45,18

„Seine Geschöpfe sind wir, in Christus Jesus dazu geschaffen, in unserem Leben die guten Werke zu tun, die Gott für uns im voraus bereitet hat."
Eph 2,10

Gott schuf Himmel und Erde

„Im Anfang schuf Gott Himmel und Erde"
1 Mose 1,1

„Ich habe die Erde gemacht und die Menschen auf ihr geschaffen. Ich habe den Himmel ausgespannt mit meinen Händen, und ich befehle seinem ganzen Heer."
Jes 45,12

„Denn ihn ihm ist alles erschaffen worden, was im Himmel und auf der Erde lebt, die sichtbaren Geschöpfe auf der Erde und die unsichtbaren im Himmel - die Thronenden, die Herrschenden, die Mächte, die Gewalten. Alles hat Gott durch ihn geschaffen, und alles findet in ihm sein letztes Ziel." (Gute Nachricht)
Kol 1,16

Gott schuf lebende Wesen

„Gott schuf alle Arten von großen Seetieren und anderen Lebewesen, von denen das Wasser wimmelt, und alle Arten von gefiederten Vögeln... Gott machte alle Arten von Tieren des Feldes, alle Arten von Vieh und alle Arten von Kriechtieren auf dem Erdboden."
1 Mose 1,21.25

„Ihr dürft die Früchte aller Pflanzen und Bäume essen; den Vögeln und Landtieren gebe ich Gras und Blätter zur Nahrung." (Hoffnung für alle)
1 Mose 1,29.30

Gott schuf Menschen

„Gott schuf also den Menschen als sein Abbild; als Abbild Gottes schuf er ihn. Als Mann und Frau schuf er sie."
1 Mose 1,27

„Forsche doch einmal in früheren Zeiten nach, die vor dir gewesen sind, seit dem Tag, als Gott den Menschen auf der Erde schuf."
5 Mose 4,32a

„Deine Hände haben mich gemacht und geformt."
Ps 119,73a

Gottes Beurteilung seiner Schöpfung:

„Gott sah alles an, was er gemacht hatte: Es war sehr gut."
1 Mose 1,31a

PERSÖNLICH PROFITIERT:

„Während ich die Bibelstellen über Gott, unseren Schöpfer, durchging, bekam ich einen ganz neuen Blick für die Größe und Majestät Gottes."
Ima Atama, Erzieherin, Fidschiinseln

WEITERE THEMENVORSCHLÄGE

- Kreislauf von Tag und Nacht
- Licht/Dunkelheit
- Wasserdampf
- Land-Formationen
- Pflanzen und Bäume
- Sonne, Mond und Sterne
- interessante Eigenschaften von Fischen, Vögeln, Tieren
- Einzigartigkeit der Menschen
- Wichtigkeit von Ruhe und Pausen

Ich freue mich, daß du da bist; Gott, unser Vater, freut sich auch darüber

V-1

BIBELTHEMA: Die Bibel ist Gottes Wort

Gott hat uns die Geschichte seines Planes und seiner Liebe offenbart. Sie ist in seinem Wort, der Bibel, niedergeschrieben. Kein anderes Buch schafft einen solch guten Bezug zum umfassenden Leben, unabhängig von jeder Sprache oder Kultur. Es ist Gottes lebendiges Wort. Wir wollen den Kindern von Anfang an vermitteln, daß Gott einen wichtigen Platz in unserem Leben hat, daß wir ihn und sein Wort lieben. Diese Liebe wird empfangen, nicht gelehrt!

ZIELE

- Die Kinder erfahren, daß Gott unser Vater ist.
- Sie sollen wissen, daß die Bibel das geschriebene Wort Gottes ist.
- Sie lernen, das Wort Gottes zu achten und zu schätzen.

MATERIAL

- große Bilderbibel
- Bibeln in verschiedenen Sprachen
- Bilder von Menschen verschiedener Nationalitäten
- Geschichten aus der Kinderliteratur
- Auswahl von Bibeln in verschiedenen Größen
- in Geschenkpapier verpackte kleine Bibeln

1. EINHEIT

Was ist die Bibel?
Gott selbst hat sein Wort für uns schreiben lassen. Viele wahre Geschichten über Menschen, die Gott liebten und ihm nachfolgten, sind in der Bibel niedergeschrieben. Sie hilft uns zu erkennen, wie Gott, unser Vater, wirklich ist: wunderbar und liebevoll. Man kann den Kindern zeigen, wie man die Bibel behandelt: „Wir gehen ganz vorsichtig damit um und passen gut auf, weil sie *Gottes* Wort ist."

Kathy's Vorschlag: Ich drücke gerne die Besonderheit der Bibel aus, indem ich einen bestimmten kleinen Tisch für die Kinder aufstelle, zu dem sie in ihrer Freispielzeit hingehen können. Den Tisch decke ich mit einer hübschen Decke, lege in die Mitte eine Bibel und stelle vielleicht sogar eine Kerze auf. Während des Bibelthemas zünde ich die Kerze an, dann ist alles etwas festlicher.

2. EINHEIT

Die Bibel hat zwei Teile
Bilder von Geschichten des AT (Kinderbilderbibel) zeigen und beschreiben, daß dieser Teil uns von Gott, unserem Vater, erzählt und auch davon, wie er sein Volk darauf vorbereitete, daß Jesus auf die Erde kommen wird. Ebenso Bilder aus dem NT zeigen und erklären, daß Gott, unser Vater, uns so sehr liebt, daß er seinen einzigen Sohn, Jesus, für uns in die Welt geschickt hat, damit er für uns lebt und stirbt, und daß Jesus wiederkommen wird.

3. EINHEIT

Die Bibel ist in viele Sprachen übersetzt
Die Kinder hören aus einer fremdsprachigen Bibel und staunen darüber. Weitere Bibeln anderer Übersetzungen kommen hinzu. Die Kinder sollen verstehen, daß Gott, unser Vater, möchte, daß *alle* Menschen, auch die, die eine andere Sprache sprechen als wir, sein Wort lesen können. Warum? Weil Gott uns durch sein Wort bezeugt, daß er uns alle liebt. Sein Wort zeigt uns auch, wie wir leben sollen. Bilder von Menschen verschiedener Nationen veranschaulichen, was gemeint ist.

4. EINHEIT

Gottes Wort ist wahr
Den Kindern erklären, daß die Bibel die „gute Nachricht" enthält. Sie ist wahr. Dann Offb 19,9b vorlesen: „Das sind zuverlässige Worte, es sind Worte Gottes." Man kann hervorheben, daß alles, was wir in Gottes Wort lesen, wahr ist. Wir können ihm glauben. Es ist darin nichts vorgetäuscht oder märchenhaft. Mit älteren Kindern könnte man Phantasiegeschichten aus der Kinderliteratur mit der Bibel vergleichen.

5. EINHEIT

Gottes Wort ist ein Geschenk an uns
Bibeln gibt es in verschiedenen Größen, aber sie sagen alle dasselbe aus. Nach dieser Erklärung erhält jedes Kind eine als Geschenk verpackte Bibel oder den vorderen und hinteren Einbanddeckel eines erweiterungsfähigen Bibelversbüchleins (aus Papierkarton selber hergestellt, gelocht und mit Wollfaden zusammengeschnürt). Man kann darauf hinweisen, daß die Bibel Gottes persönliches Geschenk an jeden von uns ist. Zum Abschluß gemeinsam Gott für sein Wort danken.

Carols Empfehlung: Kindern gefällt es, wenn bestimmte Dinge immer wiederholt werden: Man könnte die Bibelzeit jeden Tag mit dem gleichen Lied beginnen.

GEBET: Kommunikation mit Gott, unserem Vater

Kommunikation: Wo wären wir ohne sie? Wir nennen Kommunikation mit Gott „Gebet". Das kann reden, hören (oder schreiben!) oder einfach nur mit ihm zusammensein beinhalten. Wie schön ist es, daß er einen Weg für eine enge Beziehung geschaffen hat. Wir können mit ihm *überall* und *über alles* sprechen. Wie sehr freut er sich über unsere Gebete: Er hört genau zu und reagiert darauf. Seine Antwort spiegelt seine liebevolle und weise Fürsorge wider.

ZIELE
- Einführung zum Thema Gebet als Kommunikation mit Gott.
- Die Kinder lernen Gebet als Lebensstil kennen. Sie beobachten den Erzieher in seiner Beziehung zu Gott.

MATERIAL
- Bibeln
- Bilder betender Kinder
- Bilder oder Gegenstände, die das eigene Zeugnis veranschaulichen

Ich freue mich, daß du da bist; Gott, unser Vater, freut sich auch darüber

V-1

1. EINHEIT

Gebet ist Kommunikation mit Gott
Die Kinder sehen ein Bild von betenden Kindern und hören, was beten bedeutet: Wir können mit Gott, unserem Vater, reden, ihm zuhören und einfach mit ihm zusammensein. Wir brauchen nichts Außergewöhnliches zu leisten! Er liebt es einfach, mit uns zusammenzusein. Ein Beispiel aus dem persönlichen Leben unterstreicht das.

Carol: „Ich gehe gerne mit dem Herrn auf Gebetsspaziergänge. Manchmal strecke ich meine Hand aus und sage: 'Gott, mein Vater, bitte nimm einfach meine Hand und geh heute mit mir. Ich liebe dich! Ich genieße es, wenn du mit mir sprichst.' Ich kann zwar nicht tatsächlich spüren, daß er meine Hand nimmt, aber ich weiß, daß er da ist, daß er mich liebt und bin zufrieden, wenn ich einfach nur bei ihm sein kann."

2. EINHEIT

Gott antwortet auf meine Gebete
Ein Zeugnis erzählen und es mit einem Bild oder einem Gegenstand veranschaulichen. Gott für diese Gebetserhörung danken.

Nancy: „Einmal wollte ich ein Set kleiner Glastiere kaufen, damit die Kinder sie bestaunen und sich daran erfreuen können. Doch sie waren so teuer, daß ich den Kauf nicht rechtfertigen konnte. Kurz nachdem ich Gott dieses Anliegen gesagt hatte, ging ich in mein Büro. Und was fand ich dort? Genau diese Glastiere! Gott hatte mein Gebet erhört und es beantwortet. Und hier sind sie, damit ihr Kinder euch mit mir darüber freuen könnt!"

3. EINHEIT

Wir können Gott alles sagen
Ziel ist es, die Kinder mit dem Gebet vertraut zu machen. Beten heißt: mit Gott sprechen und ihm zuhören. Wir dürfen ihm alles sagen, was wir wollen, was wir fühlen oder brauchen. Den Kindern die Gelegenheit zum Beten geben, sie, wenn nötig, mit einfachen Worten anleiten, aber auf keinen Fall zum Beten drängen.

4. EINHEIT

Wir können Gott, unserem Vater, zuhören
Gott spricht durch sein Wort, die Bibel, zu uns. Er kann auch „in unsere Gedanken" oder „in unser Herz" sprechen, um uns z. B. zu sagen, daß er uns lieb hat. Gemeinsam mit den Kindern auf Gottes Reden hören.

5. EINHEIT

Wir können beständig beten
Dazu werden die Kinder ermutigt: Sie lernen, daß sie mit Gott immer und über alles reden können. Sie können ihre Gedanken und Ideen mit ihm austauschen. (Reden mit Gott ist so, als ob wir einen neuen Freund kennenlernen. Zuerst weiß man nicht so recht, was man sagen soll. Je mehr man ihn aber kennenlernt, desto mehr möchte man ihm erzählen!) Ein selbstangelegtes Heft zum Kindergarten-Tagesablauf verdeutlicht, wann und wo wir mit Gott, unserem Vater, reden können. Frage: Über welche Dinge können wir mit Gott, unserem Vater, reden? (Vielleicht wollen einige Kinder ein Bild für Gott malen oder dem Erzieher etwas diktieren?)

Ich freue mich, daß du da bist; Gott, unser Vater, freut sich auch darüber

V-1

BEZUG ZUM ALLTAG DES KINDES: Einander achten

Menschen sind Gottes *besondere* Schöpfung. Darum sollen wir einander mit Respekt und Höflichkeit behandeln. Es gibt im Alltag des Kindergartens viele Möglichkeiten, mit den Kindern Achtung vor anderen, Liebe und Fürsoge für andere einzuüben.

ZIELE

- Den Kindern soll bewußt werden, daß Menschen wertvoll sind.
- Sie sollen lernen, wie sie Menschen mit Respekt behandeln können.
- Sie üben Höflichkeitsformen ein.

MATERIAL

- Gegenstände aus den Kindergartenräumen für die ausgesuchten Übungen

1.– 5. EINHEIT

Den Wert von Menschen veranschaulichen

Drei oder vier Übungen aus der untenstehenden Liste auswählen, die täglich praktiziert werden können. Die Situationen so einfach wie möglich darstellen. Es soll aber immer der Wert der Person hervorgehoben werden. Die Kinder sollen so viel wie möglich einbezogen werden.

Wie wir anderen ausdrücken, daß sie wertvoll sind:

- „guten Morgen!" sagen
- „auf Wiedersehen" sagen
- um die Spielmatte eines anderen herumgehen und nicht darüberlaufen
- andere höflich zum Mitspielen einladen
- dem anderen höflich sagen, wenn man allein spielen möchte
- „danke" sagen
- höflich um etwas bitten
- sich entschuldigen, bevor man jemanden unterbrechen muß
- geduldig warten, bis man an der Reihe ist
- jemanden beim Reden anschauen
- sich in der Gruppenzeit melden, wenn man etwas sagen möchte
- höflich unterbrechen, wenn zwei Leute miteinander reden
- in der Kreiszeit aufmerksam zuhören
- Höflichkeit beim Essen zeigen:
  a) dem Herrn „danke" sagen
  b) beim Essen mit geschlossenem Mund kauen
  c) um Erlaubnis bitten, bevor man aufsteht

Weitere Höflichkeitsregeln:

_____
_____
_____
_____
_____

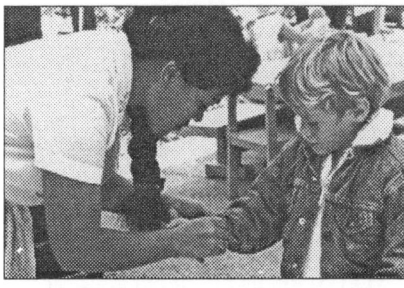

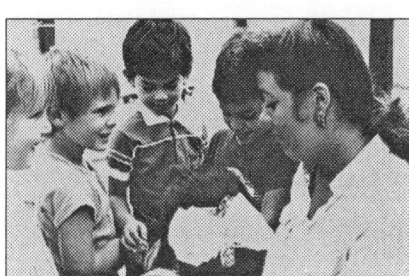

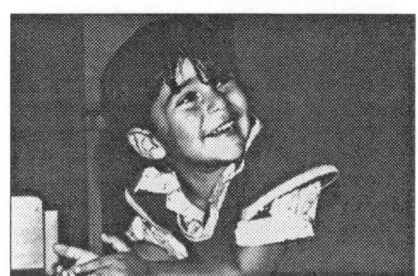

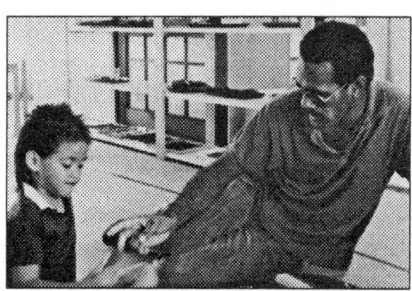

Ich freue mich, daß du da bist; Gott, unser Vater, freut sich auch darüber

V-1

SCHÖPFUNGSTHEMA: Die Schöpfungstage

Wie *groß* ist unser Schöpfer, der eindrucksvolle Blumen, wilde Tierherden, schroffe Bergketten, zarte Wolkenformationen, mikroskopische Moleküle erschuf - und Generationen von Menschen! Als Gott die Welt erschuf, wurde ein geordneter, aufeinanderfolgender und durchdachter Plan umgesetzt, der ein Zeichen für Gottes sorgfältige Vorbereitung auf seine besondere Schöpfung war: den Menschen.

ZIELE

- Die Kinder sollen Gott als Schöpfer kennenlernen.
- Sie hören von den Schöpfungstagen.
- Sie sollen die besondere Stellung des Menschen in Gottes Schöpfung erkennen.

MATERIAL

- Schöpfungsgeschichte
- Bilder von den Schöpfungstagen
- Schöpfungsbilderbuch
- Fotos, die die Schöpfungstage veranschaulichen (so groß wie möglich)
- Dinge aus der Natur, die die Schöpfungstage veranschaulichen (Wasser, Hausvogel etc.)

Treffend bemerkt:
Der 5jährige Gaetano drückte sein Erstaunen über alles, was um ihn herum war, so aus: „Wie macht Gott denn all sein Zeug? Hat er eine Armee oder so was?"
Selah Moore, Hongkong

1. EINHEIT

Gott ist unser Schöpfer
Man veranschaulicht dies anhand der Bilder von den Schöpfungstagen und dem 1. Teil der Schöpfungsgeschichte. Dabei betonen, daß wir Gott, unseren Schöpfer, *kennenlernen* können. Die wunderbaren Dinge in unserer Welt, die er geschaffen hat, erzählen uns von ihm.

2. EINHEIT

1. Schöpfungstag
Was bewirkt Licht? Vielleicht lassen Sie die Kinder Dunkelheit und Licht erleben, indem Sie einen Raum verdunkeln und das Licht aus- und wieder anschalten oder eine Kerze anzünden. Man könnte auch ein Kind im dunklen Raum dem Kegel einer brennenden Taschenlampe folgen lassen. Dabei hervorheben, daß Gottes Licht viel heller ist.

Ruths Anregung: Ich benutze 2 Papprollen wie Fernrohre: Die eine beklebe ich am Ende mit schwarzem Papier, in die andere fällt Licht. Die Kinder können hineinschauen und den Unterschied zwischen Licht und Dunkelheit erkennen.

3. EINHEIT

2. und 3. Schöpfungstag
Der 2. und 3. Schöpfungstag soll illustriert werden. Hilfreich sind Bilder, die Unterwasser-Pflanzen und Pflanzen, Büsche, Bäume und Früchte zeigen. Im Zusammenhang damit können auch Themen wie Wetter, Regen, Wolken, Samen, Pflanzenarten etc. angesprochen werden; dies kann man während der Spielzeit im Garten noch einmal aufgreifen.

Amys Anregung: Während ich darüber sprach, daß Gott das Wasser über dem Himmel von dem Wasser unter dem Himmel trennte und das Land mit den vielfältigen Pflanzen erschuf, malte ich dazu ein einfaches Bild.

4. EINHEIT

4. und 5. Schöpfungstag
Zu den entsprechenden Bildern (Sonne, Mond, Sterne, Jahreszeiten, verschiedene Fisch- und Vogelarten) ganz einfach erklären, wie und was Gott gemacht hat. Evtl. ein Haustier oder einen Fisch mitbringen.
Bastelidee von Johannes:
Ich habe ein großes, leeres Buch gebastelt, das dann unser Gruppenschöpfungsbuch wurde. Jeder einzelne Schöpfungstag wurde mit den passenden Illustrationen versehen: schwarzes und weißes Papier, glänzendes Papier für Wasser, Watte für Wolken, grünes Seidenpapier für Pflanzen, Sternaufkleber und Ausschnitte aus Zeitschriften von Tieren und Menschen. Die Kinder können beim Aufkleben helfen.

5. EINHEIT

6. und 7. Schöpfungstag
Bilder (oder lebendige Beispiele) von Tieren, Insekten und dann Bilder von Menschen – Gottes besonderer Schöpfung – bieten gute Impulse, in den Kindern Begeisterung über Gottes Schöpfung zu wecken. Den Kindern macht auch ein Ratespiel Spaß, in dem sie Tiere vorspielen und erraten dürfen. Man sollte Gottes Beurteilung seiner Schöpfung nicht auslassen, sondern mit den Kindern darüber nachdenken und seinem Beispiel folgen: „Und Gott war sehr zufrieden und ruhte am 7. Tag."

Gott ist unser Vater; wir sind seine Kinder, und er hat uns alle gleich lieb

V-2

Menschen, Menschen, Menschen... Gott schuf viele „Exemplare" von seiner ganz besonderen Schöpfung! Menschen sind ganz unterschiedlich in Größe, Alter, Hautfarbe, in ihrem Lebensstil und ihrer Sichtweise. Manchen geht's besser als anderen; einige sind anscheinend wichtiger als wir selbst. Zieht Gott die einen den anderen vor? Absolut nicht!

Gott, unser Vater, hat jedem Menschen den gleichen Wert gegeben, weil wir alle nach seinem Ebenbild geschaffen sind, als Menschen, die denken, empfinden und entscheiden können. Unser Wert liegt nicht im Vollbringen wichtiger Dinge, sondern darin, wer wir sind!

Wenn wir uns unsicher, minderwertig oder bedeutungslos vorkommen, müssen wir uns bewußt machen, wie Gott uns sieht: Er liebt alle Menschen und zwar den einen genauso sehr wie den anderen: Gott hat keine Lieblinge. Mit seinen Augen gesehen ist jeder Mensch wertvoll und bedeutsam. Gott hat jedem das Leben gegeben. Wenn wir diese Wahrheit begreifen, sehen wir uns selbst im richtigen Licht und lernen, in anderen Menschen das Selbstwertgefühl zu stärken.

Gott ist unser Vater; wir sind seine Kinder, und er hat uns alle gleich lieb

V-2

NOTIZEN

MERKVERS

„Seht doch, wie sehr uns der Vater geliebt hat! Seine Liebe ist so groß, daß er uns seine Kinder nennt. Und wir sind es wirklich: Gottes Kinder!" (Gute Nachricht) *1 Joh 3,1*

LIED ZUM THEMA

Gott ist unser Vater; wir sind seine Kinder, und er hat uns alle gleich lieb

V-2

BIBELTHEMA: Wir sind nach Gottes Ebenbild geschaffen

GEBET: Für andere Menschen beten

BEZUG ZUM ALLTAG DES KINDES: Menschen sind wertvoll

SCHÖPFUNGSTHEMA: Der Körper des Menschen

IDEEN FÜR DIE PINNWAND

Bilder von Menschen aus verschiedenen Ländern

Hampelmann

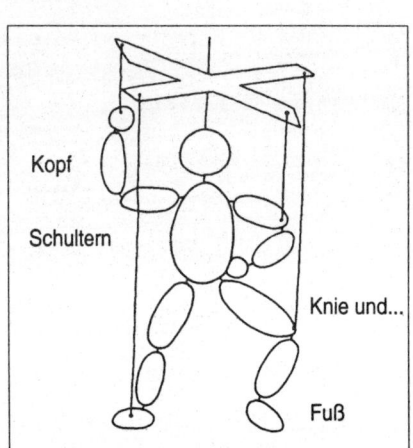

BASTELIDEEN ZUM SCHÖPFUNGSTHEMA

Menschenpuzzle
Aus Zeitschriften große Fotos von Menschen ausschneiden. Daraus ein Puzzle anfertigen, bei dem die einzelnen Körperteile jeweils ein Puzzlestück bilden. Je ein Puzzle in einen Briefumschlag stecken. Die Kinder können das Bild zusammensetzen und auf ein Blatt Papier kleben.

Salzteigmännchen
Die Kinder formen einen Menschen aus Knete, Salzteig, Ton o.ä. Während des Arbeitens benennen die größeren die einzelnen Körperteile.

ANREGUNG FÜR DIE ELTERN

Gemeinsam mit dem Kind einen Snack vorbereiten und den Tisch decken. Beim Essen sich gegenseitig bedienen und dabei immer „danke" und „bitte" sagen.

PERSÖNLICHES BIBELSTUDIUM

BIBELTHEMA

Biblische Schlüsselstelle:

„Seht, welch eine Liebe uns der Vater gegeben hat, daß wir Kinder Gottes heißen sollen! Und wir sind es. Deswegen erkennt uns die Welt nicht, weil sie ihn nicht erkannt hat."
(Rev. Elberfelder Bibel)
1 Joh 3,1

Gott ist unser Vater

„Und doch bist Du, Herr, unser Vater. Wir sind der Ton, und du bist unser Töpfer, wir alle sind das Werk deiner Hände."
Jes 64,7

„Alle Menschenleben sind mein Eigentum, das Leben des Vaters ebenso wie das Leben des Sohnes..."
Hes 18,4a

„Haben wir nicht alle denselben Vater? Hat nicht der eine Gott uns alle erschaffen?"
Mal 2,10a

Gott möchte, daß alle Menschen seine Kinder werden

„So viele ihn aber aufnahmen, denen gab er das Recht, Kinder Gottes zu werden, denen, die an seinen Namen glauben." (Rev. Elberfelder Bibel)
Joh 1,12

„Aber zu der von Gott festgesetzten Zeit sandte er seinen Sohn zu uns... Er sollte uns befreien, die wir Gefangene des Gesetzes waren, damit Gott uns als seine Kinder annehmen konnte. Weil ihr nun seine Kinder seid, schenkte euch Gott seinen Heiligen Geist, denselben Geist, den auch der Sohn hat. Deshalb dürft ihr jetzt im Gebet zu Gott sagen: 'Lieber Vater!' Ihr seid nicht länger Gefangene des Gesetzes, sondern Kinder Gottes. Und als Kinder Gottes seid ihr auch seine Erben, denen alles gehört, was Gott versprochen hat." (Hoffnung für alle)
Gal 4,4a-7

Gott ist unser Vater; wir sind seine Kinder, und er hat uns alle gleich lieb

Gott hat keine Lieblinge

Hiob: „Wenn einer meiner Knechte sich beklagte, wenn eine Magd sich über mich beschwerte, hab ich zu keiner Zeit ihr Recht mißachtet. Wie könnte ich sonst Gott vor Augen treten und mich verteidigen, wenn er mich prüfte? Derselbe, der mich schuf im Mutterleib, hat doch auch die geschaffen, die mir dienen!"
(Gute Nachricht)
Hiob 31,13-15

„Da begann Petrus zu reden und sagte: Wahrhaftig, jetzt begreife ich, daß Gott nicht auf die Person sieht, sondern daß ihm in jedem Volk willkommen ist, wer ihn fürchtet und tut, was recht ist."
Apg 10,34.35

Wir sind für Gott, unseren Vater, sehr wertvoll

„Fürchte dich nicht, denn ich habe dich erlöst! Ich habe dich bei deinem Namen gerufen, du bist mein."
(Rev. Elberfelder Bibel)
Jes 43,1b

„Jeden, der nach meinem Namen benannt ist, habe ich zu meiner Ehre erschaffen, geformt und gemacht."
Jes 43,7

„Seht hin auf die Vögel des Himmels, daß sie weder säen noch ernten, noch in Scheunen sammeln, und euer himmlischer Vater ernährt sie doch. Seid ihr nicht viel wertvoller als sie?"
(Rev. Elberfelder Bibel)
Mt 6,26

Gott gab uns Entscheidungsfreiheit

„Den Himmel und die Erde rufe ich heute als Zeugen gegen euch an. Leben und Tod lege ich dir vor, Segen und Fluch. Wähle also das Leben, damit du lebst, du und deine Nachkommen."
5 Mose 30,19

Wir sollen andere Menschen so lieben, wie Gott sie liebt

„Ein neues Gebot gebe ich euch: Liebt einander! Wie ich euch geliebt habe, so sollt auch ihr einander lieben."
Joh 13,34

„Bleibt niemand etwas schuldig; nur die Liebe schuldet ihr einander immer."
Röm 13,8a

Wir sollen für andere Menschen beten

„Gott... ist mein Zeuge: Unablässig denke ich an euch in allen meinen Gebeten..."
Röm 1,9.10a

„Auch ich weise es weit von mir, mich am Herrn zu versündigen, und höre deshalb nicht auf, für euch zu beten; ich werde euch den guten und geraden Weg weisen."
1 Sam 12,23

ANMERKUNG: Samuels deutliche Aussage in Bezug auf die Israeliten könnte auch auf uns Erzieher/innen hinsichtlich unserer Kindergruppen zutreffen.

Fürbitte zeigt Fürsorge

„Ich danke meinem Gott jedesmal, wenn ich an euch denke; immer, wenn ich für euch alle bete, tue ich es mit Freude."
Phil 1,3.4

„Es grüßt euch euer Epaphras, der Knecht Christi Jesu. Immer kämpft er für euch im Gebet, daß ihr vollkommen werdet und ganz durchdrungen seid vom Willen Gottes."
Kol 4,12

ANMERKUNG: Ein intensives Gebetsleben führt dazu, in der Arbeit als Erzieher/in effektiv zu werden. Gebet ist der Schlüssel für einen guten Zugang zu den Kindern.

Weil die Menschen Gottes kostbare Schöpfung sind, sollen wir barmherzig und liebevoll mit ihnen umgehen

„Seid einander in brüderlicher Liebe zugetan, übertrefft euch in gegenseitiger Achtung!"
Röm 12,10

„Er antwortete ihm: Du sollst den Herrn, deinen Gott, lieben mit ganzem Herzen, mit ganzer Seele und mit all deinen Gedanken. Das ist das wichtigste und erste Gebot. Ebenso wichtig ist das zweite: Du sollst deinen Nächsten lieben wie dich selbst."
Mt 22,37-39

ANMERKUNG: *Was war die barmherzige Haltung Jesu? In Phil 2,1-8 können Sie hierzu alles finden.*

SCHÖPFUNGSTHEMA: Der Körper des Menschen

Gott traf eine Entscheidung – und der Mensch wurde erschaffen
„Dann sprach Gott: Laßt uns Menschen machen als unser Abbild, uns ähnlich."
1 Mose 1,26a

Und so schuf Gott den Menschen
„Gott schuf also den Menschen als sein Abbild; als Abbild Gottes schuf er ihn. Als Mann und Frau schuf er sie."
1 Mose 1,27

„Du hast mein Inneres geschaffen, mich gewoben im Schoß meiner Mutter."
Ps 139,13

Gott weiß, woraus unser Körper gemacht ist
„Als ich geformt wurde im Dunkeln, kunstvoll gewirkt in den Tiefen der Erde, waren meine Glieder dir nicht verborgen. Deine Augen sahen, wie ich entstand..."
Ps 139,15.16a

„Mit Haut und Fleisch hast du mich umkleidet, mit Knochen und Sehnen mich durchflochten."
Hiob 10,11

Jeder Körperteil ist wegen seiner besonderen Aufgabe wichtig
„Nun besteht aber ein Körper aus vielen einzelnen Gliedern und Organen, nicht nur aus einem einzigen. Selbst wenn der Fuß behaupten würde: 'Ich gehöre nicht zum Leib, weil ich keine Hand bin!', er bliebe trotzdem ein Teil des Körpers. Und wenn das Ohr erklären würde: 'Ich bin kein Auge, darum gehöre ich nicht zum Leib!', es gehörte dennoch dazu. Angenommen, der ganze Körper bestünde nur aus Augen, wie könnten wir dann hören? Oder der ganze Leib bestünde nur aus Ohren; wie könnten wir dann riechen? Deshalb hat Gott jedem einzelnen Organ des Körpers seine besondere Funktion gegeben, so wie er es wollte. Was für ein sonderbarer Leib wäre das, der nur *einen* Körperteil hätte!

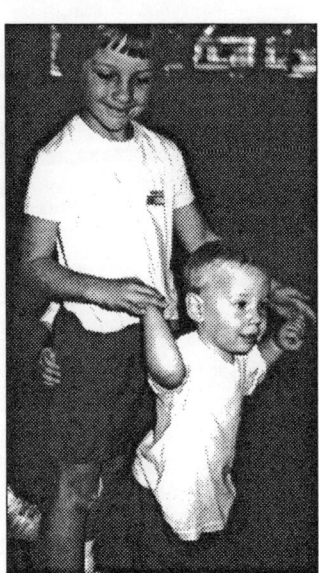

Aber so ist es ja nicht, sondern viele einzelne Organe bilden gemeinsam den einen Leib. Darum kann das Auge nicht zur Hand sagen: 'Ich brauche dich nicht!' Und der Kopf nicht zu den Füßen: 'Ihr seid überflüssig!' Vielmehr sind gerade die Teile des Körpers, die schwach und unbedeutend erscheinen, besonders wichtig. Was uns an unserem Körper anstößig erscheint, das verbergen wir sorgfältig, und was uns nicht gefällt, das putzen wir besonders heraus. Denn was schön ist, wirkt ohnehin. Gott aber hat unseren Leib so zusammengefügt, daß unwichtig erscheinende Teile in Wirklichkeit besonders wichtig sind. Unser Leib soll eine Einheit sein, in der jeder einzelne Körperteil für den anderen da ist." (Hoffnung für alle)
1 Kor 12,14-25

Unser Körper ist der Tempel des Heiligen Geistes
„Wißt ihr nicht, daß euer Leib ein Tempel des Heiligen Geistes ist, der in euch wohnt und den ihr von Gott habt?"
1 Kor 6,19

Wir sollen Gott mit unserem Körper verherrlichen

„Nichts, keinen einzigen Teil eures Körpers sollt ihr der Sünde als Werkzeug für das Böse zur Verfügung stellen. Dient vielmehr Gott mit allem, was ihr seid und habt. Weil ihr mit Christus gestorben seid und er euch neues Leben schenkte, sollt ihr jetzt Werkzeuge in Gottes Hand sein, damit er euch für seine Ziele einsetzen kann." (Hoffnung für alle)
Röm 6,13

„Denn um einen teuren Preis seid ihr erkauft worden. Verherrlicht also Gott in eurem Leib!"
1 Kor 6,20

WEITERE THEMENVORSCHLÄGE

- der menschliche Körper
- Hauptkörperteile
- Unterschied Mensch – Tier bei folgenden Körperteilen:
  Gliedmaßen
  Nacken
  Kopf
  Leib
- Bildung eines Babys im Mutterleib

Gott ist unser Vater; wir sind seine Kinder, und er hat uns alle gleich lieb

V-2

BIBELTHEMA: Wir sind nach Gottes Ebenbild geschaffen

Wir sind nach Gottes Ebenbild geschaffen. Was bedeutet das wirklich? Nicht unbedingt, daß Gott Arme, Beine und eine Nase hat, so wie wir - aber daß wir gemacht wurden, um Persönlichkeiten zu sein, so wie er eine Persönlichkeit ist. Er liebt und schätzt uns alle gleich.

Auch *Sie* als Erzieher/in sind jemand ganz Besonderes. Gott hat sich entschlossen, *Sie* zu lieben und zu ehren. Das hat er bewiesen, als er Sie nach seinem Ebenbild geschaffen hat und es wagte, Sie mit der Fähigkeit zu beschenken, selbst Entscheidungen zu treffen. Haben Sie seine Liebe schon erfahren und folgen ihm im Gehorsam nach? Können Sie sich und jeden anderen, den er geschaffen hat, mit Achtung behandeln? Diese Einheit soll Sie daran erinnern, daß Gott auch Ihnen selbst Würde und Wert gegeben hat.

ZIELE

- Die Kinder sollen erkennen, daß Gott uns Menschen geschaffen hat und uns liebt. Er möchte, daß wir seine Kinder sind.
- Sie sollen lernen, daß wir nach Gottes Ebenbild gemacht sind – wir können denken, fühlen und uns entscheiden.

MATERIAL

- Große Bilderbibel: 1 Joh 3,16
- Bilder von Kindern aus verschiedenen Ländern
- Spiegel
- aufziehbares Spielzeug oder sprechende Puppe

1. EINHEIT

Wir können Gottes Kinder werden
Die Kinder hören 1. Johannes 3,1a, schauen in einen Spiegel, der herumgereicht wird und stellen fest, was alle gemeinsam haben: 2 Augen, 1 Nase, Mund, Zähne, Ohren etc... Erklären Sie, was es bedeutet, Gottes Kinder zu sein.

Amys Vorschlag: Ich habe ein Foto von meiner Mutter und mir mitgebracht und darauf hingewiesen, wie ähnlich wir uns äußerlich sind aber auch in manchem, was wir tun. Genauso sind wir Gottes Kinder. Gott denkt, fühlt, trifft Entscheidungen. Das können wir auch alles. Wir sehen nicht so aus wie er. Gott kann man nicht sehen, aber wir sind so wie er gemacht - nach seinem Ebenbild.

2. EINHEIT

Er liebt uns alle gleich
1 Joh 3,1a wiederholen. Die Kinder sehen Fotos von Kindern aus verschiedenen Ländern und hören in einfachen Worten, daß Gott uns alle gleich liebt. Wir *alle* sind nach seinem Ebenbild erschaffen: Wir fühlen - Gott fühlt auch. Wir denken - Gott denkt auch. Wir können uns entscheiden - so wie Gott sich dazu entschieden hat, uns zu lieben. Deswegen sind wir alle wertvoll.

Lied zum Thema

3. EINHEIT

Gott gab uns einen Willen
1 Joh 3,1a wiederholen. Anhand eines aufziehbaren Spielzeugs oder einer sprechenden Puppe demonstrieren, daß das Spielzeug und die Puppe nicht für sich alleine denkt und entscheidet. Die Kinder lernen: Gott schuf den Menschen nicht als aufziehbares Spielzeug, sondern nach seinem Ebenbild. Das bedeutet, daß wir uns frei entscheiden können.

4. EINHEIT

Wir sollen einander lieben
Hier geht es darum, die Kinder anzuregen, über dieses einfache Gebot (Joh 13,34 und Eph 4,32a) nachzudenken und mit ihrem Alltag zu verbinden. Gott, unser Vater, ermahnt uns liebevoll in seinem Wort, andere zu lieben (d.h. das zu tun, was für alle gut ist), weil Gott uns alle geschaffen hat und uns alle liebt.

5. EINHEIT

Wir können uns entscheiden, einander zu lieben
Gemeinsam darüber sprechen, daß Menschen (auch wenn sie noch klein sind) die Fähigkeit haben, sich zu entscheiden. Die Bibel fordert uns u. a. auf, grundlegende Entscheidungen zu treffen. Einige dieser Beispiele könnte man mit den Kindern in der Bibel nachschlagen.

Beispiele:
Epheser 4,32: Die Entscheidung, zueinander freundlich zu sein.
Philipper 2,14: Die Entscheidung, dankbar zu sein.

Gott ist unser Vater; wir sind seine Kinder, und er hat uns alle gleich lieb

V-2

GEBET: Für andere Menschen beten

Fürbitte zeigt, daß wir uns nicht nur um unsere Belange kümmern. Kindern hilft sie, aus ihrem egozentrischen Denken herauszuwachsen und über andere nachzudenken. Voraussetzung dafür, daß Gott unser Gebet erhört, ist, daß wir mit „reinem Herzen" vor ihn kommen. Bewußte Sünde hindert die Kommunikation mit Gott. Deshalb soll es uns zur Gewohnheit werden, Gott zu fragen, ob wir etwas Falsches getan haben. Wir sollten Buße tun und anschließend vertrauensvoll beten. Dies gilt für Erzieher und Kinder.

ZIELE
- Die Kinder sollen verstehen, daß Gott möchte, daß wir für andere Menschen beten.
- Sie sollen erfahren, wie wir Gott um Vergebung bitten können.
- Sie sollen lernen, **wie** wir für andere Menschen beten können.

MATERIAL
- Große Bilderbibel
- Fotoalbum mit Fotos von allen Kindern und Erziehern

Erkenne den Segen!
Ein Kind erzählt seinem Freund:
Meine Eltern haben herausgefunden, daß ich im Kindergarten gelernt habe zu beten. Jetzt bitten sie mich immer, vor dem Essen zu beten!
Ruth Flores, Philippinen

1. EINHEIT

Einführung in die Fürbitte
Die „Fürbitte" als „das Reden mit Gott über die Anliegen und Nöte anderer" vorstellen. Gott möchte, daß wir für andere beten. Er hat auch einen Weg für uns geplant, wie wir das effektiv tun können. Die Begeisterung des Erziehers über dieses Thema kann eine ansteckende Wirkung auf die Kinder haben.

2. EINHEIT

Vorbedingung der Fürbitte...
Manchmal tun, sagen oder denken wir Dinge, die nicht in Ordnung sind. Als Folge dessen haben wir innerlich kein gutes Gefühl. (Beispiele: Den Eltern nicht gehorchen, mit den Geschwistern zanken, zu anderen Schimpfwörter sagen, etc.) Gott hat uns so geschaffen, daß wir zwischen Gut und Böse unterscheiden können. Wenn wir etwas Falsches gemacht haben, dürfen wir Gott, unseren Vater, um Vergebung bitten. Das kann man evtl. praktisch umsetzen, indem man gemeinsam betet und für die Vergebung dankt.

3. EINHEIT

Was ist Vergebung?
Die Kinder brauchen Wiederholung. Deshalb ist es gut, zunächst zu fragen, was wir tun können, wenn wir etwas falsch gemacht haben. Dabei ist wichtig zu betonen, daß Gott, unser Vater, immer bereit ist, uns zu vergeben, wenn wir ihn darum bitten. Er vergißt dann, was wir Falsches getan haben. Gleichzeitig möchte er uns helfen, das Gute zu tun. (Um den Kindern ein richtiges Verständnis dieses Prinzips und ein richtiges Bild von Gott, unserem Vater, zu vermitteln, werden Gespräche und Gebetszeiten mit den Kindern notwendig sein.)

4. EINHEIT

Für andere beten
Man führt die Kindergruppe ins Hören auf Gott, so daß sie sich an evtl. falsche Taten, Gedanken oder Worte erinnern können. Nachdem alle notwendigen Antworten gegeben wurden, kann man Fürbitte tun, indem man für ein Anliegen eines Kindes in einfachen Sätzen betet. Nun dürfen die Kinder ebenfalls für andere beten.

BEISPIELE:
1) Anliegen können mitgeteilt werden, Freiwillige beten.
2) Jedes Kind darf sich ein anderes aussuchen, zu ihm gehen und für das Kind beten. (Nur für geübte Beter)
3) Die Kinder verteilen sich und beten füreinander. (Nur für Geübte)
4) Wenn ein Fotoalbum der Gruppe existiert, kann man jedem Kind das Foto eines anderen geben; so betet jedes Kind für einen anderen.

5. EINHEIT

Für andere beten
Eine Gebetsform auswählen, die Ihrer Gruppe am meisten entspricht. Dazu können Sie einen der Punkte aus der Liste in der 4. Einheit wählen, der vielleicht passend ist. Frage: Warum sollen wir für andere beten?

Gott ist unser Vater; wir sind seine Kinder, und er hat uns alle gleich lieb

V-2

BEZUG ZUM ALLTAG DES KINDES: Menschen sind wertvoll

Höflichkeit anderen gegenüber muß eine Herzenseinstellung und ein Lebensstil werden. Warum? Gott hat allen Menschen Wert gegeben, deshalb verdient es jeder, respektiert zu werden. Wenn wir uns dazu entscheiden, andere Menschen zu lieben (egal wie wir uns fühlen), dann kann er uns helfen, die Gewohnheit zu entwickeln, jedem mit einer respektvollen Haltung zu begegnen. Dies ist der eigentliche „Bezug zum Alltag des Kindes", wie wir Menschen Wert geben können.

ZIELE

- Die Kinder sollen lernen und praktizieren, **wie** wir einander dienen können.
- Sie dienen einander und erkennen dabei, daß alle Menschen wichtig sind.

MATERIAL

- Bilder von Kindern, die zu Hause helfen
- Höflichkeitsübungen aus V1
- Material für Rollenspiele
- Servierprojekt (3. Einheit): Tablett, Saftkrug, Gläser für Kinder, Servietten

Sich an seine guten Manieren erinnern...
Eines morgens bei der Brotzeit fand Christopher ein zerbrochenes Plätzchen auf dem Teller. Höflich drehte er sich um und fragte: „Darf ich bitte ein repariertes haben?"
Tracy Kuhne, England

1. EINHEIT

Wie wir anderen helfen können
Angeregt durch Bilder von Kindern, die anderen Menschen helfen, tauschen die Kinder darüber aus und denken nach, ob es noch weitere Möglichkeiten gibt, wie sie zu Hause oder im Kindergarten helfen können. Alle genannten Beispiele können auf einer Karteikarte aufgelistet werden. Die Kinder können etwas davon aussuchen und *zu Hause* tun.

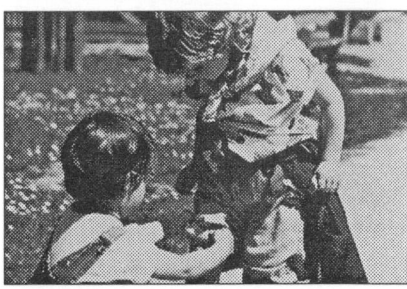

2. EINHEIT

Höflichkeit einüben
Rollenspiele eignen sich hervorragend, um Höflichkeit einzuüben. (Siehe Übungen unter V1.) Dabei sollten die Kinder immer wieder an den Grund für Höflichkeit erinnert werden: Menschen sind wertvoll!

3. EINHEIT

Das Servierspiel
Demonstration für die Kinder:
1. Ein Tablett mit Saft auf einen Tisch stellen.
2. Saft in Gläser der Kinder eingießen.
3. Gläser und Servietten auf das Tablett stellen.
4. Höflich fragen: Möchtest du ein Glas Saft?
5. Das Kind soll antworten: „Ja, bitte" oder „Nein, danke."
6. Das Glas Saft servieren, Servietten anbieten.
7. Die Gläser wieder einsammeln, Saft und Tablett wegstellen.

4. EINHEIT

„Danke" sagen
Die Kinder sollen das Danken einüben. Man kann ihnen reihum etwas anbieten, und sie danken höflich dafür. Das ganze Jahr über gibt es viele Gelegenheiten, höfliches Antworten zu üben, z. B. „Ja, bitte", „nein, danke".

5. EINHEIT

Liebevolles Verhalten - eine Entscheidung!
Man könnte an das „Bibelthema" in der 5. Einheit anknüpfen, um zu erklären, daß Liebe viel mehr als nur ein Gefühl ist. Es ist eine Entscheidung, die wir treffen, weil Gott, unser Vater, *uns* liebt... Anschließend könnte man den Kindern einige einfache Aufgaben stellen, bei denen sie zwischen liebevollem und lieblosem Verhalten unterscheiden können.

Anregung: Laßt uns ein Spiel spielen! Ich gebe dir eine Anweisung und du entscheidest, ob sie Gott, unserem Vater, gefällt oder nicht. „Jason, geh rüber zu Matthias und tritt ihn." „Carola, geh zu Sabine und umarme sie." „Samuel, reiß Tobias das Buch aus den Händen". „Jennifer, geh zu Markus und sag ihm etwas Nettes." Verdeutlichen Sie weiterhin, daß die Kinder sich entscheiden können, liebevoll zu sein.

Gott ist unser Vater; wir sind seine Kinder, und er hat uns alle gleich lieb

V-2

SCHÖPFUNGSTHEMA: Der Körper des Menschen

Unser Körper spiegelt die Größe unseres Schöpfers wider. Wir sind deutlich anders geschaffen als alle Tiere und können so die vielen Dinge angemessen ausführen, die zum menschlichen Verhalten gehören. Unsere Körperteile arbeiten so harmonisch zusammen, wie es keine Maschine kann. Gott wußte genau, wohin er jeden Körperteil setzen mußte, damit dieser seine Aufgabe richtig erfüllen kann. Wir sind wirklich wunderbar geschaffen!

ZIELE

- Die Kinder sollen lernen, Gott, unseren Schöpfer, zu ehren.
- Sie sollen Körperteile kennenlernen, benennen und Hauptmerkmale hervorheben.
- Sie sollen lernen, daß Menschen Gottes besondere Schöpfung sind.

MATERIAL

- Schöpfungsgeschichte
- lebensgroßes Menschenpuzzle
- 3-teilige Karten von Menschen (als Spielangebot)
- Bilder und Modelle von verschiedenen Tieren
- Bilder von Neugeborenen (vielleicht wäre auch eine Mutter bereit, mit ihrem Baby in den Kindergarten zu kommen)

Gottes Lieblingsbeschäftigung ...
Sarah, 4 Jahre: „Ich weiß, was Gott am liebsten tut..."
Erzieherin: „Was denn?"
Sarah: „Menschen machen. Es gibt nämlich so viele!"
Gail Maidment, Hongkong

1. EINHEIT

Menschen sind Gottes ganz besondere Schöpfung
Es ist gut, zu Beginn eines jeden Schöpfungsthemas die Kinder daran zu erinnern, daß Gott unser Schöpfer ist. Deshalb wiederholen wir Teil 1 der Schöpfungsgeschichte und betonen den 6. Tag, die Erschaffung des Menschen, der ganz besonders geschaffen wurde. Zum Abschluß danken wir alle Gott, unserem Vater, daß wir so wunderbar gemacht sind.

2. EINHEIT

Der menschliche Körper
Ein lebensgroßes Puzzle der menschlichen Körperteile in die Kreismitte legen und über die Hauptteile des Körpers sprechen: Kopf, Rumpf, Arme, Hände, Beine, Füße. Die Kinder dürfen diese dann an ihrem eigenen Körper zeigen. Für ältere Kinder kann man es etwas schwieriger machen (z. B. Ellbogen, Fußknöchel etc.). Die Kinder erfahren: Gott wußte genau, an welcher Stelle jeder Körperteil sein mußte.

Lied: „Kopf und Schulter, Knie und Fuß..."
(andere Körperteile können eingesetzt werden)

3. EINHEIT

Unterschied zwischen dem Körper eines Menschen und dem von Tieren
Die Kinder vergleichen das Menschenpuzzle und diverse Bilder mit den unterschiedlichsten Tierkörpern. Sind Kopf, Nacken, Rumpf, Glieder, Füße, Hände usw. gleich? (Man kann auch eine Scharade spielen, wo jedes Kind ein Tier nach seiner Wahl darstellen darf und die anderen erraten müssen, was es ist.)

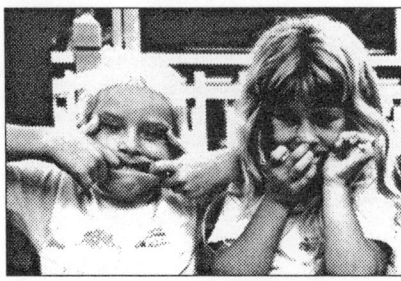

4. EINHEIT

Der wunderbare Körper des Menschen bei seiner Geburt
Anhand von Babyfotos - oder einem richtigen Baby! - läßt sich gut vermitteln, welch ein Wunderwerk der Mensch ist. Von den Haarspitzen bis zu den Finger- und Zehennägeln hat Gott schon alles gemacht; so weise, daß alles funktioniert... Eine Körperfunktion hervorheben und erklären, wie sinnvoll Gott alles gemacht hat. (Beispiel: Unser Daumen ermöglicht uns zu greifen.) Gott, unser Vater, hat in uns die Fähigkeit des Wachsens und Entwickelns hineingelegt. (Beispiel: Wir können nach der Geburt nicht sofort gehen oder sprechen.)

5. EINHEIT

Was wir mit unserem Körper tun können
Zusammenfassung von 1-4: Was sind die Unterschiede zwischen dem Körper des Menschen und dem des Tieres? Verschiedene Körperteile zeigen und benennen. Danach sollen die Kinder vormachen, was sie alles können: strecken, hüpfen, gehen, rollen, krabbeln, greifen, etc. Alle danken Gott dafür, daß er uns so erschuf.

Gott ist mein Vater; ich bin sein Kind

V-3

Mein Name ist Katja und ich habe eine Schwester, Julia. Wir sind eineiige Zwillinge. Unser Lieblingsspiel ist es, unsere Tante auszutricksen, so daß sie nicht weiß, wer wer ist. Manchmal klappt es fast, aber sie beobachtet so genau! Sie weiß, daß unsere Stimmen verschieden klingen, daß wir uns ein wenig anders verhalten und auch unterschiedliche Dinge mögen. Sie weiß, daß ich gerne draußen spiele, aber meine Schwester gerne im Haus sitzt und schreibt. Obwohl wir fast gleich aussehen, machte uns Gott, unser Vater, ... *einzigartig!*

Gott ist mein Vater; ich bin sein Kind

V-3

NOTIZEN

MERKVERS

„Du hast mich geschaffen... im Leib meiner Mutter hast du mich gebildet. Herr, ich danke dir dafür, daß du mich so wunderbar und einzigartig gemacht hast! Großartig ist alles, was du geschaffen hast - das erkenne ich!"
(Hoffnung für alle)
Ps 139,13.14

LIED ZUM THEMA

Gott ist mein Vater; ich bin sein Kind

V-3

BIBELTHEMA:
Ich bin einzigartig und wunderbar gemacht

GEBET:
Gott hört meine Stimme

BEZUG ZUM ALLTAG DES KINDES: Die Einzigartigkeit jedes einzelnen Menschen schätzen lernen

SCHÖPFUNGSTHEMA:
Ich bin einzigartig

IDEEN FÜR DIE PINNWAND

Rätsel
1.) Mit einem Wollfaden wird die Umrißlinie eines menschlichen Körpers abgesteckt. Auf diese Linie kann dann von jedem Kind der Gruppe ein Foto geheftet werden.

2.) Bus so ausschneiden, daß in die Fenster die Kindergesichter (Selbstportraits oder Fotos) passen.

Ich bin etwas ganz Besonderes!

Ich bin einzigartig! UNIQUE INC.

BASTELIDEEN ZUM SCHÖPFUNGSTHEMA

„Das bin ich"-Buch (s. Aktivitäten in den Einheiten im „Schöpfungsthema")

Selbstportrait
Die Kinder gestalten ihr Gesicht mit Buntpapier für Augen und Mund und mit Wolle für die Haare.

GOTT IST MEIN VATER ICH BIN SEIN KIND

Menschen sind Gottes ganz besondere Schöpfung!

ANREGUNG FÜR DIE ELTERN

Schauen Sie sich mit Ihrem Kind zusammen Familienalben an, Fotos aus Ihrer Kindheit und Fotos von Ihrem Sprößling.

Sprechen Sie über die Einzigartigkeit Ihrer persönlichen Geschichte und die Ihres Kindes.

PERSÖNLICHES BIBELSTUDIUM

BIBELTHEMA

Biblische Schlüsselstelle: Ps 139,1-18
1. Herr, du hast mich erforscht, und du kennst mich.
2. Ob ich sitze oder stehe, du weißt von mir. Von fern erkennst du meine Gedanken.
3. Ob ich gehe oder ruhe, es ist dir bekannt; du bist vertraut mit all meinen Wegen.
4. Noch liegt mir das Wort nicht auf der Zunge - du, Herr, kennst es bereits.
5. Du umschließt mich von allen Seiten und legst deine Hand auf mich.
6. Zu wunderbar ist für mich dieses Wissen, zu hoch, ich kann es nicht begreifen.
7. Wohin könnte ich fliehen vor deinem Geist, wohin mich vor deinem Angesicht flüchten?
8. Steige ich hinauf in den Himmel, so bist du dort; bette ich mich in der Unterwelt, bist du zugegen.
9. Nehme ich Flügel des Morgenrots und lasse mich nieder am äußersten Meer,
10. auch dort wird deine Hand mich ergreifen (leiten) und deine Rechte mich fassen.
11. Würde ich sagen: „Finsternis soll mich bedecken, statt Licht soll Nacht mich umgeben",
12. auch die Finsternis wäre für dich nicht finster, die Nacht würde leuchten wie der Tag, die Finsternis wäre wie Licht.
13. Denn du hast mein Inneres geschaffen, mich gewoben im Schoß meiner Mutter.
14. Ich danke dir, daß du mich so wunderbar gestaltet hast. Ich weiß: Staunenswert sind deine Werke.
15. Als ich geformt wurde im Dunkeln, kunstvoll gewirkt in den Tiefen der Erde, waren meine Glieder dir nicht verborgen.
16. Deine Augen sahen, wie ich entstand, in deinem Buch war schon alles verzeichnet; meine Tage waren schon gebildet, als noch keiner von ihnen da war.
17. Wie schwierig (kostbar, gewichtig) sind für mich, o Gott, deine Gedanken, wie gewaltig ist ihre Zahl!
18. Wollte ich sie zählen, es wären mehr als der Sand. Käme ich bis zum Ende, wäre ich noch immer bei dir.

Gott ist mein Vater; ich bin sein Kind

Gott denkt immer an mich

„Bringt eine Mutter es fertig, ihren Säugling zu vergessen? Hat sie nicht Mitleid mit dem Kind, das sie in ihrem Leib getragen hat? Und selbst wenn sie es vergessen könnte, ich vergesse euch nicht!" (Gute Nachricht)
Jes 49,15

„Siehe, in meine beiden Handflächen habe ich dich eingezeichnet. Oh Zion, deine Mauern sind beständig vor mir." (Rev. Elberfelder Bibel)
Jes 49,16

Gott kannte mich schon, bevor ich geboren wurde

„So spricht der Herr, dein Schöpfer, der dich im Mutterleib geformt hat, der dir hilft..."
Jes 44,2a

„Noch ehe ich dich im Mutterleib formte, habe ich dich ausersehen, noch ehe du aus dem Mutterschoß hervorkamst, habe ich dich geheiligt, zum Propheten für die Völker habe ich dich bestimmt."
Jer 1,5

Gott kennt mich mit Namen

„Fürchte dich nicht, denn ich habe dich erlöst! Ich habe dich bei deinem Namen gerufen, du bist mein." (Rev. Elberfelder Bibel)
Jes 43,1b

„Der Herr hat mich schon im Mutterleib berufen; als ich noch im Schoß meiner Mutter war, hat er meinen Namen genannt."
Jes 49,1b

„Ihm öffnet der Türhüter, und die Schafe hören auf seine Stimme; er ruft die Schafe, die ihm gehören, einzeln beim Namen und führt sie hinaus."
Joh 10,3

„Wer überwindet, der wird so mit weißen Kleidern bekleidet werden, und ich werde seinen Namen aus dem Buch des Lebens nicht auslöschen und seinen Namen bekennen vor meinem Vater und vor seinen Engeln." (Rev. Elberfelder Bibel)
Offb 3,5

Gott hört meine Stimme

„Er (Gott) sprach zu ihm: Ich habe dein flehentliches Gebet, das du an mich gerichtet hast, gehört..."
1 Kön 9,3a

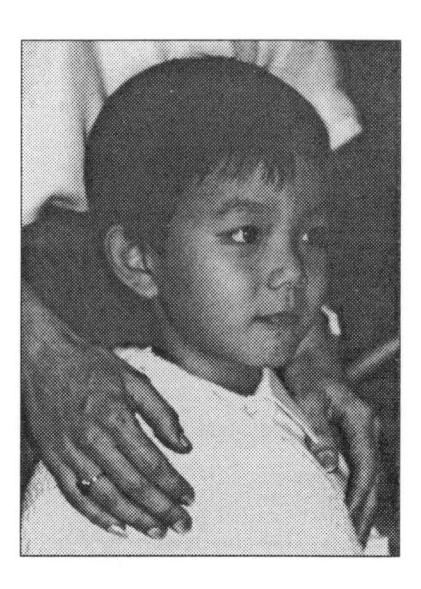

„Vernimm, o Herr, mein lautes Rufen; sei mir gnädig, und erhöre mich!"
Ps 27,7

„Gott aber hat mich erhört, hat auf mein drängendes Beten geachtet. Gepriesen sei Gott; denn er hat mein Gebet nicht verworfen und mir seine Huld nicht entzogen."
Ps 66,19.20

„Ich liebe den Herrn, denn er hört mich, wenn ich zu ihm um Hilfe schreie. Er hat ein offenes Ohr für mich; darum bete ich zu ihm, solange ich lebe." (Gute Nachricht)
Ps 116,1.2

Gott kann die Gebete vieler Menschen hören

„Betet ohne Unterlaß!"
1 Thess 5,17

SCHLUSSFOLGERUNG: Wenn Gott dies befiehlt, muß er fähig sein, alle Gebete derer aufzunehmen, die gehorsam sind. Er muß auch jede Stimme, die ihn um etwas bittet, unterscheiden können!

V-3

„Die Augen des Herrn blicken auf die Gerechten, und seine Ohren hören ihr Flehen."
1 Petr 3,12a

„Nach ihrer Freilassung gingen Petrus und Johannes zu der versammelten Gemeinde und erzählten dort, was die führenden Priester und Ratsältesten zu ihnen gesagt hatten. Darauf beteten alle miteinander einmütig zu Gott." (Gute Nachricht)
Apg 4,23.24a

So wie Gott meine Einzigartigkeit sehr wichtig ist, sollte auch ich andere in ihrer Einzigartigkeit schätzen

„Liebe ist geduldig und freundlich. Sie kennt keinen Neid, keine Selbstsucht, sie prahlt nicht und ist nicht überheblich. Liebe ist weder verletzend noch auf sich selbst bedacht, weder reizbar noch nachtragend." (Hoffnung für alle)
1 Kor 13,4.5

„Seid freundlich und geduldig, gebt andere nicht so schnell auf und dient einander in selbstloser Liebe!" (Hoffnung für alle)
Eph 4,2

„Macht also einander Mut und helft euch gegenseitig weiter, wie ihr es ja schon tut." (Gute Nachricht)
1 Thess 5,11

SCHÖPFUNGSTHEMA: Ich bin einzigartig

ANMERKUNG: Beziehen Sie sich beim Studieren auf die Verse 1-18 von Ps 139, die eindrucksvoll beschreiben, wie einzigartig und wunderbar unser Schöpfer uns gemacht hat, und wie einzigartig jeder von uns ist (so belegt es die Heilige Schrift).

Gott, unser Schöpfer, hat mich wunderbar geformt

„Du hast mich geschaffen... im Leib meiner Mutter hast du mich gebildet. Herr, ich danke dir dafür, daß du mich so wunderbar und einzigartig gemacht hast! Großartig ist alles, was du geschaffen hast - das erkenne ich! Schon als ich im Verborgenen Gestalt annahm, unsichtbar noch, kunstvoll gebildet im Leib meiner Mutter, da war ich dir dennoch nicht verborgen. Als ich gerade erst entstand, hast du mich schon gesehen." (Hoffnung für alle)
Ps 139,13-16a

„Du weißt nicht, aus welcher Richtung der Wind kommen wird; du siehst nicht, wie ein Kind im Mutterleib Gestalt annimmt. Ebensowenig kannst du die Taten Gottes ergründen, der alles bewirkt." (Hoffnung für alle)
Pred 11,5

„Deine Hände haben mich gebildet und geformt... Bedenke doch, daß du mich wie Ton gestaltet hast!" (Hoffnung für alle)
Hiob 10,8a.9a

„Deine Hände haben mich gemacht und geformt."
Ps 119,73a

„Jetzt aber, so spricht der Herr, der dich geschaffen hat, Jakob, und der dich geformt hat, Israel..."
Jes 43,1a

„Denn jeden, der nach meinem Namen benannt ist, habe ich zu meiner Ehre erschaffen, geformt und gemacht."
Jes 43,7

„Unser Leib besteht aus vielen Gliedern, und diese Glieder bilden einen Leib... Angenommen, der ganze Körper bestünde nur aus Augen, wie könnten wir dann hören? Oder der ganze Leib bestünde nur aus Ohren; wie könnten wir dann riechen? Deshalb hat Gott jedem einzelnen Organ des Körpers seine besondere Funktion gegeben, so wie er es wollte. Was für ein sonderbarer Leib wäre das, der nur ein Körperteil hätte! Aber so ist es ja auch nicht, sondern viele einzelne Organe bilden gemeinsam den einen Leib." (Hoffnung für alle)
1 Kor 12,12.17-20

Er weiß, wer ich bin

Wie ich gemacht bin. „Er weiß, was wir für Gebilde sind; er denkt daran: Wir sind nur Staub."
Ps 103,14

Was ich tue. „So wird also jeder für sich selbst vor Gott Rechenschaft ablegen müssen." (Hoffnung für alle)
Röm 14,12

Und doch ehrt Gott mich

„Du hast ihn (den Menschen) wenig geringer gemacht als Engel, mit Herrlichkeit und Pracht krönst du ihn." (Rev. Elberfelder Bibel)
Ps 8,6

„Herr, was ist der Mensch, daß du dich um ihn kümmerst, des Menschen Kind, daß du es beachtest? Der Mensch gleicht einem Hauch, seine Tage sind wie ein flüchtiger Schatten."
Ps 144,3.4

„Was ist der Mensch, daß du an ihn denkst, oder der Menschensohn, daß du dich seiner annimmst? Du hast ihn nur für kurze Zeit unter die Engel erniedrigt. Du hast ihn mit Herrlichkeit und Ehre gekrönt, alles hast du ihm zu Füßen gelegt."
Hebr 2,6-8a

WEITERE THEMENVORSCHLÄGE

- Fingerabdrücke
- Stimmkurven
- die Einzigartigkeit des Menschen
- chemische Zusammensetzung des menschlichen Körpers

Gott ist mein Vater; ich bin sein Kind

V-3

BIBELTHEMA:
Ich bin einzigartig und wunderbar gemacht

In Gottes Augen sind wir etwas ganz Besonderes. Diese Bibelstudie von Psalm 139 beleuchtet Gottes Beteiligung und seine Fürsorge in der Beziehung Mensch - Gott. Er weiß alles über uns, er ist überall mit uns, und er kannte jeden von uns sogar schon vor unserer Geburt. Er hat sich gefreut, daß wir geboren wurden - ein großer Kontrast zur verdrehten Auffassung dieser Welt! Gott, unser Vater, denkt ständig an uns und hat gute Pläne für die, die seinen Wegen folgen. Wir sind wirklich „einzigartig und wunderbar gemacht".

ZIELE
- Die Kinder erfahren, wie Gott, unser Vater, jeden von uns sieht.
- Sie sollen verstehen, daß Gott, unser Vater, Pläne für uns hat, und daß jeder von uns einzigartig ist.

MATERIAL
- große Bilderbibel
- Psalm 139 (wie unter „Persönliches Bibelstudium" angegeben)
- Bild-Illustrationen zu Ps 139
- Bilder ungeborener Babys im Mutterleib

1. EINHEIT

Gott weiß alles über mich
Man liest Psalm 139,1-3 und spricht anhand der Bilder darüber, wie sehr Gott mit uns verbunden ist: Er weiß alles über uns, sogar was wir denken. Er kennt unsere Namen, unsere Eltern, unsere Stimmen, unsere Gefühle. Sprechen Sie die Kinder damit ganz persönlich an.

2. EINHEIT

Gott ist bei mir
Ps 139,4-6 vorlesen und darüber sprechen, daß Gott bei uns ist. Er ist immer bereit, uns zu segnen.

3. EINHEIT

Gott ist überall bei mir
Man liest Psalm 139,7-12 vor und erklärt anschaulich (Bilder?) die Tatsache, daß wir uns nie vor Gott verstecken können. Egal, wo wir hingehen, er weiß immer, wo wir sind. Man könnte auch darüber sprechen, daß Gott „im Dunkeln sehen kann" (etwas, was ein Kind braucht, um Sicherheit zu gewinnen). Bilder von verschiedenen Orten können illustrieren, daß Gott immer bei uns ist.

4. EINHEIT

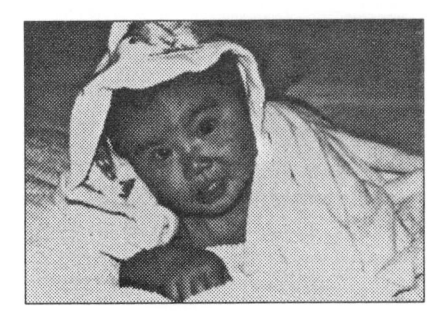

Gott hat mich als komplizierte Ganzheit gemacht
Ps 139,13.14 vorlesen und aufzeigen, wie Gott uns im Leib unserer Mutter gemacht hat. Dabei die Begeisterung des Psalmisten über Gottes Werk betonen. An Bildern von Babys im Mutterleib können die Kinder all die Körperteile entdecken, die schon vor der Geburt da sind.

5. EINHEIT

Gott denkt an mich
Ps 139,15-18 wird vorgelesen. Gott hat Pläne für jeden einzelnen gemacht und denkt zu jeder Zeit an uns. Das beinhaltet: Vor der Geburt, während der Geburt und jeden Tag unseres Lebens. Im Gesprächskreis versucht man herauszufinden, wieviel die Kinder in dieser Einheit von Gottes Wort aufgenommen haben.

Besitzansprüche...
Der 4jährige Noah weigerte sich, die richtigen Worte zu singen. Anstatt „Denn dieser Gott ist unser Gott", sang er lauthals: „Denn dieser Gott ist mein Gott!"
Amy McLeod, Hawaii

Gott ist mein Vater; ich bin sein Kind

V-3

GEBET: Gott hört meine Stimme

Es ist immer wieder erstaunlich, daß eine Mutter den Schrei ihres Kindes inmitten eines Raumes voll lärmender Kleinkinder erkennt. Sie hört ihr eigenes Kind. Wieviel mehr hört Gott, unser Vater, uns und kennt uns. Er kennt meine Stimme, er kennt auch deine. Und doch geht er mit jedem von uns auf eine andere Art um. Für uns gibt es darauf nur eine Antwort: „Ich werde beten mein Leben lang!"

ZIELE

- Die Kinder sollen sich bewußt werden, daß Gott dem Gebet der Menschen zuhört.
- Sie erfahren, wie Gott zu uns sprechen kann.

MATERIAL

- große Bilderbibel
- Augenbinde
- Bilder von Menschen verschiedener Nationen

1. EINHEIT

Gott hört mir zu
Man liest Psalm 116,1.2 aus der Bilderbibel vor und stellt heraus, wie Gott sich zu uns neigt, um unsere Stimme zu hören. Dafür danken alle Gott.

SPIEL: Ein Kind läßt sich die Augen verbinden. Ein anderes sagt etwas. Das erste versucht zu erraten, wer gesprochen hat.

2. EINHEIT

Gott hört vielen Menschen zu
Bilder von Menschen aus verschiedenen Erdteilen. Gespräch darüber, wie unser großer Gott jedem von ihnen zur gleichen Zeit zuhören kann. Er weiß, wer betet. Zur Veranschaulichung dürfen mehrere Kinder gleichzeitig beten. Zum Schluß kann man Gott dafür danken, daß er vielen Menschen gleichzeitig zuhört.

3. EINHEIT

Gott spricht zu mir
Man erklärt den Kindern, wie unterschiedlich Gott zu uns redet:
1) Durch die Bibel (Ps 119,105 spricht davon).
2) Durch unser Gewissen: Wir wissen innerlich, ob das, was wir tun, sagen oder denken, Gott gefällt oder nicht gefällt.
3) Durch die Schöpfung, die uns seine Macht, seinen Charakter und sein Wesen lehrt.
4) Durch sein Volk. Er sendet Leute in unser Leben, die uns Gottes Wege erklären.

4. EINHEIT

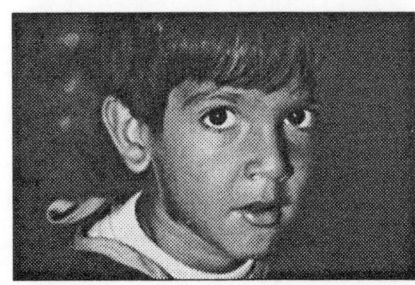

Ich kann mit Gott sprechen
Die Kinder werden daran erinnert, daß sie mit Gott über alles reden können. Mit der Formulierung von Gebetsanfängen kann man ihnen unter die Arme greifen: „Danke für..", „Bitte..", „Es tut mir leid..", „Ich wollte dir nur eben sagen..."

5. EINHEIT

Ich kann Gott danken
Man leitet die Kinder an, Gott dafür zu danken, daß er jedes Kind in der Gruppe einzigartig gemacht hat.

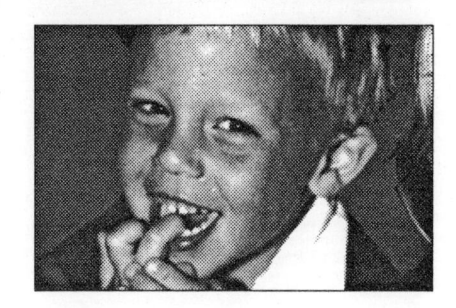

Gott ist mein Vater; ich bin sein Kind

V-3

BEZUG ZUM ALLTAG DES KINDES: Die Einzigartigkeit jedes einzelnen Menschen schätzen lernen

„Ich möchte weiß sein!" beklagte sich der 4jährige Samir. Ich betrachtete seine wunderbare Schokoladenhaut, sein weiches, gelocktes Haar und diese großen, traurigen, braunen Augen. Samir war aus Kuwait. Wie früh doch das Untereinander-Vergleichen beginnt, sogar bei so kleinen Kindern; Samir war bereits infiziert worden durch kindliche Kommentare von blonden, blauäugigen Freunden. Wenn er nur wüßte, wie nett und einzigartig er wirklich ist. Wie langweilig wäre es, wenn wir alle gleich wären. Wenn er nur wüßte, daß Gott Gefallen daran fand, ihn genauso zu schaffen, wie er ist...

ZIELE
- Die Kinder entwickeln Wertschätzung dafür, wie Gott sie selbst und die anderen geschaffen hat.
- Sie erkennen ihre Einzigartigkeit in den unterschiedlichsten Bereichen.

MATERIAL
- Geburtstagskalender
- Spiegel
- Namensschild von jedem Kind

Der Versuch lohnt sich:
In Hongkong hatten wir eine Müttergruppe begonnen, die sich einmal wöchentlich in einer Mitarbeiterwohnung traf. Sinn und Zweck war, sie detaillierter darüber zu informieren, was ihre Kinder im Kindergarten lernten. Da sich Gottes Wege sowohl auf Kinder als auch auf Erwachsene anwenden lassen, haben wir den Müttern genau dieselben Prinzipien vorgestellt. Keine von ihnen kannte Gott persönlich. Was für eine Auswirkung hatte es auf diese kostbaren Frauen, als sie begriffen, wie besonders und einzigartig sie wirklich waren! Versuchen Sie die Spiegel-Übung mit Erwachsenen! Sie bekommen eine interessante Bandbreite von unterschiedlichsten Reaktionen.
Gail Maidment, Hongkong

1. EINHEIT

Meine Stimme ist einzigartig
„Einzigartig" wird z. B. so definiert: „Es gibt nichts, was genauso ist; jedes einzelne ist anders." Weil aber jede Person einzigartig und besonders ist, müssen wir einander mit Respekt (Freundlichkeit) behandeln. Wichtig ist dabei aufzuzeigen, wie wir miteinander sprechen sollen (Tonfall, Stimmlage). Man stellt richtiges und falsches Benutzen der Stimme gegenüber und läßt die Kinder üben.

2. EINHEIT

Ich bin einzigartig
Frage: „Wenn wir alle genau gleich wären, wie würden wir uns auseinanderhalten können?!" Die Kinder reichen einen Spiegel herum, in den jeder hineinschauen kann. Sie lernen: In einigen Dingen sind wir uns ähnlich, in anderen unterscheiden wir uns: Haare, Augenfarbe, Größe, Lächeln etc. „Gott, unser Vater, liebt mein schwarzes Haar und meine braunen Augen, *denn er liebt mich!*" Jedes Kind kann Gott Dank sagen für einige seiner ihm eigenen, besonderen Züge.

3. EINHEIT

Gott kennt meinen Namen
Von jedem Kind kann ein großes Namensschild gezeigt und die Bedeutung seines Namens dazu erklärt werden. Für jede Person ist es wichtig, daß man ihren Namen kennt. (Auch Gott kennt uns mit Namen und bestätigt uns damit, wer wir sind.) Er gebraucht unseren Namen mit Respekt (Jes 43,1) - um wieviel mehr sollten wir gegenseitig unsere Namen mit Respekt benützen, anstatt uns übereinander lustig zu machen, indem wir uns Schimpfnamen geben.

4. EINHEIT

Gott kennt meinen Geburtstag
Im Kalender werden die Geburtstage aller Kinder deutlich eingetragen. Man drückt seine Freude darüber aus, daß jedes von ihnen geboren wurde und wie sehr sich auch Gott, unser Vater, darüber freut. Schließlich hat er gewollt, daß sie geboren wurden! Wenn der Geburtstag eines Kindes gefeiert wird, ist das für den Rest der Gruppe eine Gelegenheit, dem Geburtstagskind gegenüber Freude und Wertschätzung zu zeigen.

5. EINHEIT

Ich achte und schätze die Einzigartigkeit anderer
Die Kinder brauchen Anleitung, wie wir jemandem unsere Wertschätzung ausdrücken können. Eine Möglichkeit wäre, ein Merkmal einer Person herauszuheben: Z. B.: „Jost, ich mag dein Lachen, wenn du mich am Morgen begrüßt." So spricht man jedes Kind an, damit sich keines ausgelassen fühlt.

Gott ist mein Vater; ich bin sein Kind

V-3

SCHÖPFUNGSTHEMA: Ich bin einzigartig

Gott, unser Schöpfer, hat keine zwei Menschen geschaffen, die ganz genau gleich aussehen. Obwohl wir alle nach Gottes Ebenbild geschaffen sind, hat doch jede Person ihren eigenen Hand-, Finger- und Fußabdruck. Wissenschaftler haben auch schon einiges über unseren einzigartigen „Stimmabdruck" herausgefunden. Wir sind tatsächlich wunderbar geschaffen!

ZIELE

- Die Kinder sollen sich an Gott als unseren Schöpfer erinnern.
- Ihnen soll die Einzigartigkeit einer jeden Person deutlicher werden.
- Sie dürfen ein Buch über ihre ganz persönlichen „Einzigartigkeiten" gestalten.

MATERIAL

- Schöpfungsgeschichte
- ein „Das bin ich"-Buch zum Vorzeigen und die entsprechenden Vordrucke zum Ausfüllen
- Bilder von Kindern aus der ganzen Welt
- ein Foto von jedem Kind
- Papier für „Das bin ich"-Buch
- Papier in „Kindesgröße", Stifte
- Maßband, Personenwaage
- Lampe, weißes und schwarzes Papier, Kreide
- Stempelkissen für Fingerabdrücke
- Fingerfarben

ANREGUNG FÜR VIELBESCHÄFTIGTE ERZIEHER

Die Einheiten könnten für die Zeitspanne, die Sie zur Verfügung haben, zu voll sein. Wählen Sie doch nur drei oder vier Teile aus, so daß die Kinder es genießen können, ihre Einzigartigkeit zu entdecken. Oder dehnen Sie diese Einheiten über einen längeren Zeitraum aus. Viel Spaß!

„Das geht zu weit..!"
Gehört von einem Kindergartenkind in Deutschland: „Na, ich wiege 50 Meter, und er wiegt mindestens 30 Meter!"
Frauke Kipper, Deutschland

1. EINHEIT

Gott machte mich einzigartig
Schöpfungsgeschichte vorlesen. Den 6. Schöpfungstag, als Gott die Menschen schuf, betonen. Bilder von Kindern aus aller Welt zeigen und dabei erklären, daß Gott uns nach seinem Ebenbild erschuf, aber trotzdem jeder verschieden ist: Wir sind einzigartig. (Die Kinder sollten als Bekenntnis laut sagen: „Ich bin einzigartig.") Ein Modell des „Das bin ich"-Buches zeigen und den Kindern erzählen, daß sie alle ihr eigenes gestalten und mit nach Hause nehmen dürfen.

„Das bin ich"-Buch: Zur Gestaltung des Deckblattes ein Foto des jeweiligen Kindes verwenden. Es ist ein ganz persönliches Buch über sich selbst.

2. EINHEIT

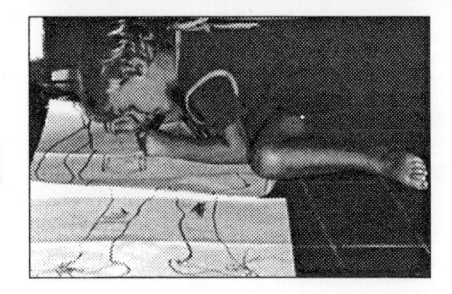

Mein Körper ist einzigartig
Jedes Kind darf sich auf einen Papierbogen legen, um die Umrisse seines Körpers nachzeichnen zu lassen. Alle malen und schneiden aus, falten das Papier und legen es in ihr „Das bin ich"-Buch.

3. EINHEIT

Meine Körpermaße
Indem man die Größe jedes Kindes mißt, es wiegt und die Zahlen in sein Buch einträgt, kann man den Kindern einen anderen Aspekt ihrer Einzigartigkeit zeigen. Obwohl sie fast das gleiche Alter haben, gibt es doch meistens Unterschiede in der Körpergröße und im Gewicht...

4. EINHEIT

Das Profil meines Kopfes
Idee: Schattenbild anfertigen. Ein weißes Blatt Papier wird an der Wand befestigt. Eine Lampe ist in einiger Entfernung so aufzustellen, daß die Seitenansicht seines Kopfes als Schattenbild aufs Papier fällt, wenn ein Kind sich zwischen Papier und Lampe setzt. Die Umrißlinie sorgfältig nachziehen, ausschneiden, auf schwarzes Papier kleben und dem „Das bin ich"-Buch beilegen.

5. EINHEIT

Mein einzigartiger Hand, Fuß-, Finger- und sogar Stimmabdruck
Frage: „Ist jeder Mensch einzigartig? Ob mein Fingerabdruck auch anders ist als deiner? Mal schauen..." In diesem Zusammenhang hören die Kinder, daß unsere Fuß-, Hand- und Stimmabdrücke ebenfalls einzigartig sind. Fingerabdrücke können mit einem Stempelkissen, Fuß- und Handabdrücke mit Farbe abgedruckt werden: Diese Blätter heftet dann jeder in sein Buch. Viel Spaß beim gemeinsamen Anschauen der „gesammelten Werke"! Die Kinder dürfen diese mit nach Hause nehmen als ihren persönlichen „Schatz".

Amys Idee: Lassen Sie die Kinder auf Kassette sprechen. Beim späteren Anhören haben sie viel Spaß, ihre Kindergartenfreunde zu identifizieren.

Gott ist unser Vater; was können wir über ihn wissen?

V-4

Gott, unser Vater, ist groß und wunderbar. Wir können nie alles über ihn wissen, weil er unendlich ist! Die Bibel offenbart uns aber vieles über ihn: Er ist allmächtig, allwissend, allgegenwärtig und unbegrenzt in seiner Schöpferkraft und Kreativität... Er ist ewig.

Wird von uns erwartet, daß wir Gott in all diesen Eigenschaften ähnlich sind? Natürlich nicht! Wir sind dazu gerufen, seinen göttlichen Charakter, d. h. seine Heiligkeit, Wahrheit, Gerechtigkeit, Liebe usw. widerzuspiegeln – aber wir können ihn nicht imitieren. Wenn wir erkennen, wie wunderbar und groß Gott ist, und wie gut und angemessen er gleichzeitig mit uns umgeht, dann zieht uns dies in tiefer Ehrfurcht und Anerkennung zu ihm hin.

Gott ist unser Vater; was können wir über ihn wissen?

V-4

NOTIZEN

MERKVERS

„Groß ist der Herr und sehr zu loben..." (Rev. Elberfelder Bibel)
Ps 48,2a

LIED ZUM THEMA

Gott ist unser Vater; was können wir über ihn wissen?

V-4

BIBELTHEMA: Gottes Natur

GEBET: Gottes Natur motiviert uns, zu beten

BEZUG ZUM ALLTAG DES KINDES: Gottes angemessene Erwartungen an uns

SCHÖPFUNGSTHEMA: Von Gott Geschaffenes / von Menschen Gemachtes

IDEEN FÜR DIE PINNWAND

Zum Merkvers eine **Collage** gestalten. Den Vers als Überschrift anbringen.

Groß ist der Herr und sehr zu loben! PSALM 48,1

BASTELIDEEN ZUM SCHÖPFUNGSTHEMA

Körbchen mit ausgeschnittenen Bildern aus Illustrierten, die von Gott Erschaffenes und von Menschen Gemachtes zeigen, und zwei Bogen Tonpapier, jeweils für eine Kategorie gekennzeichnet. Die Kinder ordnen die Bilder den Kategorien zu und kleben sie auf.

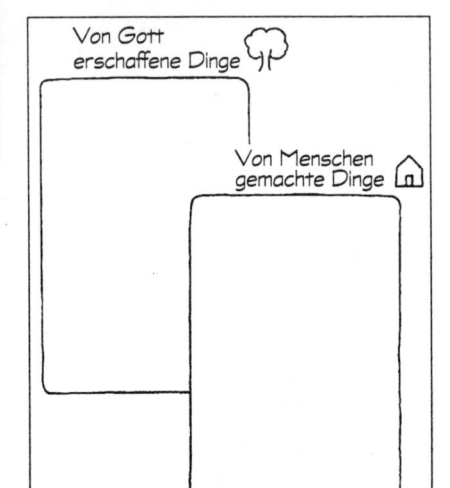

Von Gott erschaffene Dinge
Von Menschen gemachte Dinge

Durchrubbeln von Materialien

ANREGUNG FÜR DIE ELTERN

Überlegen Sie als Eltern mit Ihrem Kind gemeinsam, welche Dinge ihm unmöglich sind – z. B. ein Haus bauen, ein Auto fahren... und im Gegensatz dazu, was *es* bereits tun kann – Spielsachen aufheben, sich mitteilen, anderen helfen etc.

PERSÖNLICHES BIBELSTUDIUM

BIBELTHEMA

Biblische Schlüsselstelle:
Alle hier angegebenen Schriftstellen bilden die Grundlage für das persönliche Bibelstudium.

Die Bibel sagt, was wir über Gott, unseren Vater, wissen können
„Was noch verborgen ist, steht bei dem Herrn, unserem Gott. Was schon offenbar ist, gilt für uns und unsere Kinder auf ewig: daß wir alle Bestimmungen dieser Weisung halten sollen."
5 Mose 29,28

Wir können nicht alles über Gott wissen
„Die Tiefen Gottes willst du finden, bis zur Vollkommenheit des Allmächtigen vordringen? Höher als der Himmel ist sie, was machst du da? Tiefer als die Unterwelt, was kannst du wissen? Länger als die Erde ist ihr Maß, breiter ist sie als das Meer."
Hiob 11,7-9

„O Tiefe des Reichtums, der Weisheit und der Erkenntnis Gottes! Wie unergründlich sind seine Entscheidungen, wie unerforschlich seine Wege!"
Röm 11,33

Gott ist allgegenwärtig
„Kann Gott überhaupt auf der Erde wohnen? Ist nicht sogar der Himmel zu klein, dich zu fassen, geschweige denn dieses Haus, das ich gebaut habe?" (Hoffnung für alle)
1 Kön 8,27

„Kann sich einer in Schlupfwinkeln verstecken, so daß ich ihn nicht sähe? Bin nicht ich es, der Himmel und Erde erfüllt...?"
Jer 23,24

Gott ist unser Vater; was können wir über ihn wissen?

Gott ist allmächtig

„Ich hörte etwas wie eine Stimme einer großen Volksmenge und wie ein Rauschen vieler Wasser und wie ein Rollen starker Donner, die sprachen: Halleluja! Denn der Herr, unser Gott, der Allmächtige, hat die Herrschaft angetreten." (Rev. Elberfelder Bibel)
Offb 19,6

„Siehe, ich bin der Herr, der Gott aller Sterblichen. Ist mir denn irgend etwas unmöglich?"
Jer 32,27

„Da trat Jesus auf sie zu und sagte zu ihnen: Mir ist alle Macht gegeben im Himmel und auf der Erde."
Mt 28,18

Gott ist allwissend

„... spricht der Herr, der das ausführt, was ihm seit Ewigkeit bekannt ist."
Apg 15,18

„Jakob, warum sagst du, Israel, warum sprichst du: Mein Weg ist dem Herrn verborgen, meinem Gott entgeht mein Recht? Weißt du es nicht, hörst du es nicht? Der Herr ist ein ewiger Gott, der die weite Erde erschuf. Er wird nicht müde und matt, unergründlich ist seine Einsicht."
Jes 40,27.28

„Gottes Augen bleibt nichts verborgen; vor ihm ist alles sichtbar und offenkundig. Jeder - ohne Ausnahme - muß Gott Rechenschaft geben." (Hoffnung für alle)
Hebr 4,13

Gott ist der einzige Gott

„Selbst wenn es im Himmel oder auf der Erde sogenannte Götter gibt - und solche Götter und Herren gibt es viele -, so haben doch wir nur einen Gott, den Vater. Von ihm stammt alles, und wir leben auf ihn hin."
1 Kor 8,5.6a

Wir können überall zu Gott beten, weil er allgegenwärtig ist

„Wenn ihr dann zu mir ruft, wenn ihr kommt und zu mir betet, will ich euch erhören. Wenn ihr mich sucht, werdet ihr mich finden. Ja, wenn ihr mich von ganzem Herzen sucht, will ich mich von euch finden lassen. Das verspreche ich euch."
(Hoffnung für alle)
Jer 29,12-14a

Wir können Gott in jeder Situation um Hilfe bitten, weil er allmächtig ist

„Ach, mein Herr und Gott! Du hast Himmel und Erde erschaffen durch deine große Kraft und deinen hoch erhobenen Arm. Nichts ist dir unmöglich."
Jer 32,17

„Herr, Gott unserer Väter, bist nicht du Gott im Himmel und Herrscher über alle Reiche der Völker? In deiner Hand liegen Kraft und Stärke; niemand kann dir widerstehen."
2 Chr 20,6

Gott weiß Antwort auf alle unsere Fragen, denn er ist allwissend

„Dabei hilft uns der Heilige Geist in all unseren Schwächen und Nöten. Wissen wir doch oft nicht einmal, wie wir beten sollen, damit Gott uns erhören kann. Deshalb hilft uns der Heilige Geist und betet für uns auf eine Weise, wie wir es mit unseren Worten nie könnten. Aber Gott, der uns ganz genau kennt, weiß natürlich auch, was der Heilige Geist für uns betet; denn er vertritt uns im Gebet, wie es dem Willen Gottes entspricht." (Hoffnung für alle)
Röm 8,26.27

„Denn ich kenne meine Pläne, die ich für euch habe, Pläne des Heils und nicht des Unheils; denn ich will euch eine Zukunft und eine Hoffnung geben."
Jer 29,11

V-4

Wir sind nicht Gott (sondern wir sind sein Volk!)

„Des Menschen Tage sind wie Gras, er blüht wie die Blume des Feldes. Fährt der Wind darüber, ist sie dahin; der Ort, wo sie stand, weiß von ihr nichts mehr."
Ps 103,15.16

Gott ist heilig

„Wer ist dir gleich unter den Göttern, o Herr! Wer ist dir gleich, so herrlich in Heiligkeit, furchtbar an Ruhmestaten, Wunder tuend!" (Rev. Elberfelder Bibel)
2 Mose 15,11

„Denn du bist kein Gott, dem das Unrecht gefällt."
Ps 5,5a

Wir können heilig sein wie Gott heilig ist

„Zieht den neuen Menschen an, der nach dem Bild Gottes geschaffen ist in wahrer Gerechtigkeit und Heiligkeit."
Eph 4,24

„Wie er, der euch berufen hat, heilig ist, so soll auch euer ganzes Leben heilig werden. Denn es heißt in der Schrift: Seid heilig, denn ich bin heilig."
1 Petr 1,15.16

Gott hat zumutbare Erwartungen an uns

„Dieses Gebot, auf das ich dich heute verpflichte, geht nicht über deine Kraft und ist nicht fern von dir."
5 Mose 30,11

„Es ist dir gesagt worden, Mensch, was gut ist und was der Herr von dir erwartet: Nichts anderes als dies: Recht tun, Güte und Treue lieben, in Ehrfurcht den Weg gehen mit deinem Gott."
Mich 6,8

SCHÖPFUNGSTHEMA: Von Gott Geschaffenes / von Menschen Gemachtes

Gott erschuf aus dem Nichts

„Im Anfang schuf Gott die Himmel und die Erde. Und die Erde war wüst und leer, und Finsternis war über der Tiefe; und der Geist Gottes schwebte über den Wassern. Und Gott sprach: Es werde Licht! Und es wurde Licht." (Rev. Elberfelder Bibel)
1 Mose 1,1-3

„Weil wir an Gott glauben, wissen wir, daß die ganze Welt durch sein Wort geschaffen wurde; daß alles, was wir sehen, aus dem Nichts entstanden ist." (Hoffnung für alle)
Hebr 11,3

„Er aber hat die Erde erschaffen durch seine Kraft, den Erdkreis gegründet durch seine Weisheit, durch seine Einsicht den Himmel ausgespannt."
Jer 10,12

Wir haben die Fähigkeit, zu arbeiten, zu schaffen und zu gestalten

„Ich vollbrachte meine großen Taten: Ich baute mir Häuser, ich pflanzte Weinberge. Ich legte mir Gärten und Parks an, darin pflanzte ich alle Arten von Bäumen. Ich legte Wasserbecken an, um aus ihnen den sprossenden Baumbestand zu bewässern."
Pred 2,4-6

„Der Herr redete zu Mose...: Siehe, ich habe mit Namen berufen Bezalel... und habe ihn mit dem Geist Gottes erfüllt, mit Weisheit, Verstand und Können und für jedes Kunsthandwerk, Pläne zu entwerfen, um in Gold, Silber und Bronze zu arbeiten. Auch mit der Fertigkeit zum Schneiden von Steinen zum Einsetzen und mit der Holzschnitzerei habe ich ihn begabt, damit er in jedem Handwerk arbeiten kann... Dazu habe ich jedem (Kunstverständigen, Kunsthandwerker)... Weisheit ins Herz gelegt, damit sie alles machen, was ich dir geboten habe." (Rev. Elberfelder Bibel)
2 Mose 31,1-6

...aber wir schaffen Dinge aus schon Bestehendem

„Mach dir eine Arche aus Zypressenholz! Statte sie mit Kammern aus, und dichte sie innen und außen mit Pech ab!"
1 Mose 6,14

„Liefere mir auch Zedern, Zypressen und Algummimholz (Edelholz) vom Libanon! Ich weiß, daß deine Leute die Bäume des Libanon zu fällen verstehen (für den Tempelbau Salomons)."
2 Chr 2,7

Wir können dankbar sein für gottgegebene Materialien und Fähigkeiten

„Wenn Gott einen Menschen reich und wohlhabend werden läßt und ihm auch noch Freude dabei schenkt, dann kann der Mensch es dankbar annehmen und die Früchte seiner Arbeit genießen. Denn das ist ein Geschenk Gottes!" (Hoffnung für alle)
Pred 5,18

„Du sollst ferner... das Fest des Einsammelns am Ende des Jahres feiern, wenn du deinen Arbeitsertrag vom Feld einsammelst." (Rev. Elberfelder Bibel)
2 Mose 23,16b

Gott segnet das Werk unserer Hände, wenn wir in seinen Wegen gehen

„Ihr aber, seid stark! Eure Hände sollen nicht erschlaffen; denn euer Tun wird seinen Lohn finden."
2 Chr 15,7

„Es komme über uns die Güte des Herrn, unseres Gottes. Laß das Werk unserer Hände gedeihen, ja, laß gedeihen das Werk unserer Hände!"
Ps 90,17

WEITERE THEMENVORSCHLÄGE

- Von Menschen hergestellte Materialien
- Bewahrung der Naturschätze

Gott ist unser Vater; was können wir über ihn wissen?

V-4

BIBELTHEMA:
Gottes Natur

Die Bibel sagt uns, was wir über Gott wissen können. Wir lesen, daß er überall gegenwärtig und immer bei uns ist – welch ein Trost! Wir lernen auch, daß er alles weiß, was man nur wissen kann – welch eine außergewöhnliche Kenntnis! Wir hören ebenfalls, daß Gott allmächtig ist – nichts ist ihm zu schwer. Der Gott der Bibel ist ein großer Gott!

ZIELE

- Die Kinder lernen Eigenschaften Gottes kennen - in denen wir ihm nicht gleichen können.
- Sie loben Gott für seine Größe.

MATERIAL

- Bibel
- Bilder, die den Psalm 139 veranschaulichen (aus V3)
- Globus/Weltkarte
- Bild einer Sternen-Nacht

Kindermund:
Eine Erzieherin beschrieb ihrer Gruppe Gottes Größe: "Es gibt niemanden, der so groß und wunderbar ist wie Gott, unser Vater." Voller Begeisterung platzte ein Kind dazwischen: "Das kannst du nochmal sagen!"
Rite Meyers, Schottland

1. EINHEIT

Gott ist allgegenwärtig
Psalm 139,7-12 vorlesen und entsprechende Bilder dazu zeigen. "Allgegenwärtig" bedeutet: Gott ist überall zur gleichen Zeit. Wenn Kinder ein Verständnis von Landkarten oder dem Globus haben, kann man ihnen darauf zeigen, wo sie sich befinden und wo Gott überall ist. Die Kinder sprechen das Wort "allgegenwärtig" nach. Abschließend kann man den Merkvers aufsagen oder singen.

2. EINHEIT

Gott ist allwissend
Man liest Psalm 139,1-4 vor und unterstreicht die Aussagen des Psalmisten durch Bilder. Man erklärt "allwissend": Gott weiß alles, was es nur zu wissen gibt. An einem Beispiel wird der Begriff "allwissend" verdeutlicht, und die Kinder üben, das Wort zu sprechen.

Vorschlag: Zeigen Sie ein Bild mit einem Sternen-Himmel und fragen Sie: "Wer kann alle Sterne zählen?" Die Kinder versuchen es. Setzen Sie dann fort: "Wir könnten dies niemals tun, weil es einfach zu viele sind. Aber einer kennt sie alle mit Namen. Er hat sie nämlich gemacht!"

3. EINHEIT

Gott ist allmächtig
Jeremia 32,17+27 wird vorgelesen und der Begriff "allmächtig" definiert: Gott kann alles. Dann hilft man den Kindern, sich an die gewaltigen Dinge zu erinnern, die Gott getan hat (die Welt erschaffen und den Menschen, Gebete erhört etc.) Die Kinder üben das Wort "allmächtig". Evtl. benutzt man passende Bilder als Gesprächsimpulse.

Lied: "Mein Gott ist so groß, so stark und so mächtig..."

4. EINHEIT

Gott ist unbegrenzt schöpferisch
Psalm 139,14 wird vorgelesen und dann der Begriff 'unbegrenzt schöpferisch' definiert: Gott hat alles unterschiedlich geschaffen; es gibt nicht zwei Dinge, die genau gleich aussehen. Nun können die Kinder sich gegenseitig ansehen und die Unterschiede in ihrem Aussehen wahrnehmen. Jeder sieht anders aus. Jetzt üben die Kinder, die Worte 'unbegrenzt schöpferisch' auszusprechen.

5. EINHEIT

Gott ist groß!
Rückschau auf die vier großen Worte, die in diesen Einheiten gelernt wurden. Die Kinder sagen, an was sie sich bei jedem einzelnen Begriff erinnern. Die Tatsache untermauern, daß die Bibel das Buch ist, das uns sagt, was wir über Gott wissen können.

Gott ist unser Vater; was können wir über ihn wissen?

V-4

GEBET: Gottes Natur motiviert uns, zu beten

Unser Verständnis von Gottes Natur und Wesen beeinflußt automatisch unser Gebetsleben. Weil Gott überall gleichzeitig ist, können wir an jedem Ort zu ihm beten. Weil er allmächtig ist, ist ihm keine Bitte zu schwer, um sie zu beantworten. Weil Gott alles weiß, was es zu wissen gibt, können wir ihm vertrauen, daß er unsere Gebete weise beantwortet. Kein anderer Gott könnte sich je mit der Größe unseres Gottes messen!

ZIELE

- Die Kinder sollen lernen, ihre Gebete auf Gottes *Natur* zu gründen: seine Allmacht, seine Allwissenheit, seine Allgegenwart.
- Sie lernen, ihre Gebete an Gottes Charakter auszurichten: seine Barmherzigkeit, seine Liebe, seine Heiligkeit etc.

MATERIAL

- Bibel oder etwas anderes, das diese Gebetsthemen unterstreicht

Gott ist noch nicht mit uns fertig ...
Nachdem er all die „großen" Worte über Gott gelernt hatte, beobachtete der kleine Christopher mit Mißfallen einen Klassenkameraden, der sich in der Warteschlange nach vorn drängelte: „Herr Nu`u, ganz bestimmt ist der aber nicht allgeduldig!"
Nu'u La'apui, Hawaii

1. EINHEIT

Weil Gott allgegenwärtig ist, können wir überall beten
Man führt die Kinder an verschiedene Orte, auch in den Garten, und leitet sie ins Gespräch mit Gott: Danke, Herr, daß du jetzt auch hier bist.

2. EINHEIT

Weil Gott allwissend ist...
Zu Beginn die Kinder fragen, ob es in ihren Familien Nöte gibt und sie dann im Gebet anleiten. Wir können Gott vertrauen, daß er diese Gebete richtig beantworten kann.

*Ruths Idee: Um den Kindern das Konzept nahezubringen, daß wir mit Gott über alles reden können, zeige ich ihnen das Bild eines Jungen und erkläre ihnen, daß Gott weiß, wie alt er ist, wer seine Familie ist und vieles mehr. „Was mir aber am meisten bedeutet, ist, daß Gott alles über **diese** Person weiß..." Und an diesem Punkt lasse ich die Kinder in einen Spiegel schauen!*

3. EINHEIT

Weil Gott allmächtig ist, ist ihm kein Problem zu groß
Ein Gebetsanliegen wird vorgestellt, für das in der Gruppe gebetet werden soll, und welches sie herausfordert, Gott in seiner großen Macht anzurufen.

4. EINHEIT

Weil Gott heilig ist, wählt er immer das Richtige
Die Kinder werden in eine Zeit geleitet, in der sie Gott für seine Heiligkeit loben und dafür, daß er immer das Gute und Richtige wählt. Danach bittet man Gott daß er uns hilft zu tun, was richtig ist.

5. EINHEIT

Gott ist würdig, gelobt zu werden
Die Kinder werden angeleitet, Gott dafür zu danken, wie er ist, ganz spezifisch. Beispiel: „Danke, Gott, unser Vater, daß du so groß und mächtig bist!"

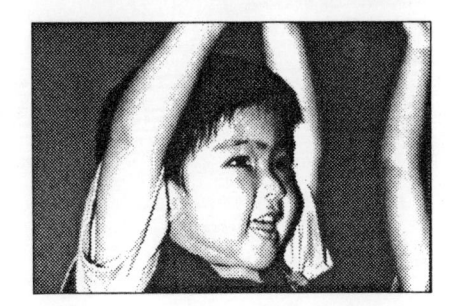

Gott ist unser Vater; was können wir über ihn wissen?

V-4

BEZUG ZUM ALLTAG DES KINDES: Gottes angemessene Erwartungen an uns

Gott ist von seiner Natur her unbegrenzt. Er ist allgegenwärtig, allwissend, allmächtig und „allschöpferisch". Im Gegensatz dazu ist der Mensch begrenzt. Wir können nur jeweils an einem Ort sein. Unser Bewußtsein und unser Verstand sind begrenzt, und zweifellos versagen wir immer wieder mit unserer begrenzten Kraft, das zu tun, was wir oft gerne tun würden. Aber das ist o.k.! Gott kennt uns und erwartet nicht, daß wir ihm in seiner Natur gleichen. Was er uns aber befiehlt, ist, zu wachsen in Heiligkeit und ihm in seinen Wesenseigenschaften immer ähnlicher zu werden!

ZIELE

- Die Kinder sollen lernen, zwischen dem, was Gott von uns erwartet und dem, was er nicht von uns erwartet, zu unterscheiden.
- Die Freiheit hervorheben, die daraus resultiert, daß Gott uns kennt und keine überhöhten Erwartungen auf uns legt.

MATERIAL

- Globus oder Weltkarte
- Bilder von Sternen, Bäumen oder Tieren
- Papier

Ein guter Tip
Nutzen Sie die Gelegenheit, Spielangebote zur Verfügung zu stellen, die das Wesen Gottes verdeutlichen. Z. B.:
- *Bilderreihe oder -puzzle: Gott sieht am Anfang schon das Ende*
- *Gegensatzkarten: Wenn wir schwach sind, ist er stark etc.*
- *Himmelsrichtungen auf Landkarten (O, W, N, S) - Gott ist überall*
Kathy Murphy, Hawaii

1. EINHEIT

Wir können nicht überall gleichzeitig sein!
Man könnte auf verschiedene Orte auf einer Weltkarte oder einem Globus deuten und die Kinder fragen, ob sie an allen Orten gleichzeitig sein können. Gut wäre auch ein Spiel, in dem ein Kind die Anweisung erhält, gleichzeitig an zwei verschiedene Stellen des Raumes zu gehen. Die Kinder erkennen, daß das nicht geht. Sie lernen, daß Gott überall sein kann, wir aber nicht. Da Gott das weiß, erwartet er es auch nicht von uns.

2. EINHEIT

Wir können nicht alles wissen
Allwissenheit läßt sich mit einem Spiel veranschaulichen: Man flüstert einem Kind etwas ins Ohr und fragt die anderen Kinder, was man gerade gesagt hat. Dann fragt man: „Weiß Gott, was ich gesagt habe?" Resumé: Gott weiß alles, aber er erwartet von uns nicht, daß wir Gedanken lesen können oder alles wissen.

3. EINHEIT

Wir sind nicht allmächtig
Die Kinder können hier ermutigt werden zu zeigen, wie stark sie sind. Dann stellt man weitere Aufgaben, die nur Gott tun kann, wie: „Befiehl dem Wind, aufzuhören!", „Laß es regnen!", „Teile einen Fluß oder ein Meer!" Zusammen mit den Kindern folgert man: „Wir Menschen können das nicht tun. Das kann nur Gott. Er ist allmächtig, aber er erwartet nicht von uns, daß wir das auch alles tun können."

4. EINHEIT

Wir können nicht aus dem Nichts schaffen
Man gibt einem Kind „ein bißchen Nichts" und bittet es, Sterne, einen Baum oder Tiere zu schaffen. Zur Hilfestellung dienen Bilder. Die Kinder bringen sich ein. Im Gespräch tragen alle zusammen, was wir benötigen, um etwas herzustellen: Das richtige Material, das Wissen, wie wir vorgehen können, genügend Zeit... und Gottes Hilfe! Daraus entsteht die Folgerung: Obwohl Gott aus dem Nichts etwas erschaffen kann und nicht zwei seiner Werke sich vollkommen gleichen, erwartet er nicht, daß wir das auch können.

5. EINHEIT

Wir sind nicht Gott!
Zusammen mit den Kindern gestaltet man eine Zeichnung von den Dingen, die nur Gott tun kann. Man betont dabei, daß Gott nicht erwartet, das wir diese Dinge auch tun können. Dann gestalten alle zusammen eine zweite Zeichnung die darstellt, was wir tun können: Wir können uns liebhaben, Freundlichkeit zeigen etc. Zum Schluß bittet man Gott um Hilfe, unser Teil auch wirklich zu tun.

Gott ist unser Vater; was können wir über ihn wissen?

V-4

SCHÖPFUNGSTHEMA: Von Gott Geschaffenes / von Menschen Gemachtes

Es sprengt unser Vorstellungsvermögen, daß Gott alles aus dem Nichts erschaffen hat. Aus dem Nichts!! Bevor er seine schöpferischen, kraftvollen Worte in den Tagen der Schöpfung sprach, gab es nur Leere. Wünschen wir uns nicht auch manchmal, wir könnten etwas aus dem Nichts erschaffen... (wenn z. B. leere Monatspläne vor uns liegen)? Aber Gott hat uns Material und Fähigkeiten gegeben, Dinge zu kreieren, und wir können damit „gut arbeiten"! Laßt uns Gott, unserem Schöpfer, dankbar sein, daß er uns diese Materialien zur Verfügung gestellt hat, damit wir gemeinsam mit ihm neue Dinge schaffen können.

ZIELE

- Die Kinder sollen wissen und sich immer wieder daran erinnern, daß Gott unser Schöpfer ist.
- Sie sollen unterscheiden, was Gott geschaffen hat und was Menschen gemacht haben.
- Gottgegebene Materialien und Fähigkeiten sollen ihnen wertvoll werden, so daß sie sorgfältig damit umgehen.

MATERIAL

- Schöpfungsgeschichte
- von Gott Geschaffenes oder Bilder davon und von Menschen Angefertigtes oder Bilder davon
- 2 Tabletts, die mit einem entsprechenden Symbol verdeutlichen, welche Gegenstände hineingehören; ein Korb mit Gegenständen beider Kategorien zum Sortieren und Zuordnen
- Bilder von Paaren aus gottgegebenem Material und einem Objekt, was der Mensch daraus macht
  Baum und Stuhl, Stein und Ring
- Zutaten zur Herstellung von Salzteig: Mehl, Salz, Öl, Wasser
- etwas Knete

Ein besonderes Haus bauen ...
Während ein Kind von Gott, unserem Schöpfer, hört, sprudelt es plötzlich heraus: „Wo hat Gott eigentlich gewohnt, als er alles geschaffen hat? Hat er wohl ein Haus gehabt? Mmh... ich denke ich baue ihm irgendwann mal eins."
Ima Atama, Fidschiinseln

1. EINHEIT

Wie mächtig ist Gott!
Die Kinder hören die Schöpfungsgeschichte (Teil 1) und werden daran erinnert, daß Gott unser Schöpfer ist: Man zeigt Bilder/Modelle von Dingen, die Gott erschaffen hat: Land, Pflanzen, Sterne, Tiere, Menschen. Als Kontrast dazu zeigt man Bilder/Modelle von Dingen, die Menschen gemacht haben: Gebäude, Raketen, Möbel, Kleidung, Maschinen etc. Der Unterschied sollte deutlich herausgestellt werden: Gott schaft aus dem Nichts - der Mensch nur aus Materialien, die Gott ihm gibt.

2. EINHEIT

Gottgeschaffenes / Menschengemachtes
Führen Sie die Sortieraufgabe vor. Aus einem Korb mit verschiedensten Objekten prüft man einige sorgfältig und ordnet sie der Kategorie „von Gott erschaffen" oder „von Menschen gemacht" zu. Nun dürfen die Kinder das Zuordnen probieren, bevor alles ins Regal gestellt wird zur weiteren Benutzung in der Freispielzeit.

3. EINHEIT

Zuordnen: von Gott Geschaffenes / von Menschen Gemachtes
Man bereitet Objektpaare oder Bilder davon vor (Baum+Stuhl, Stein+Ring) und fordert die Kinder auf, die von Gott geschaffenen Dinge von den anderen zu trennen. Die Größe Gottes, der Bäume, Sterne, Felsen, Tiere etc. geschaffen hat, soll dabei bekräftigt werden. Gemeinsam wird überlegt und besprochen, wie wir die Dinge, die Gott uns gegeben hat, bewahren können. Die Kinder dürfen raten, welche von Gott geschaffenen Materialien in die Objekte der Kategorie „von Menschen Gemachtes" eingeflossen sind. Abschließend bietet sich an, für die Rohstoffe und Materialien zu danken, aus denen wir Neues herstellen können.

4. EINHEIT

Gott gibt uns Rohstoffe, aus denen wir Neues machen
Die Bestandteile für Salzteig zeigen. Die Kinder fühlen und riechen daran. Die Zutaten nebeneinanderstellen und erzählen, woher wir sie haben: Mehl aus Weizen, Öl von der Sonnenblume (oder welche Grundlage auch immer!), Salz von Mineralien aus Steinen und Wasser aus einer beliebigen Wasserquelle. Erklären, wie der Mensch mit viel Arbeit und Mühe diese Zutaten herstellt, sie miteinander vermischt und etwas ganz Neues kreiert. Die Kinder dürfen diese Bestandteile mixen und ihren eigenen Salzteig anfertigen.

5. EINHEIT

Gott befähigt uns zu gestalten
Jedes Kind bekommt ein Stück Salzteig und darf daraus etwas formen. Die Kinder möchten sich sicher ihre „Werke" gegenseitig zeigen und erklären. (Die Gegenstände, die sie angefertigt haben, können getrocknet, angemalt und nach Hause mitgegeben werden - als eigene „Schöpfung"!)

Gott, unser Vater, weiß, was am besten für uns ist

V-5

Gott hat eine Welt geschaffen, in der alles vorhanden ist, was wir zum Leben brauchen: Luft zum Atmen, Nahrung zum Essen, Wasser zum Trinken, Material zum Hausbau, Kleidung zum Schutz vor Witterung, und Gott schenkt uns Schlaf zur Regenerierung unserer Kräfte. Jedoch ist körperliche Versorgung nur ein Teil dessen, was wir Menschen für ein qualitativ gutes Leben brauchen.

Gott wußte, daß unsere emotionalen, intellektuellen und geistlichen Bedürfnisse genauso real und wichtig sind wie die körperlichen. Wer anders als Gott kann diese Bedürfnisse in angemessener Art und Weise befriedigen? Er hat sein geschriebenes Wort mit Leben gefüllt, um uns Führung, Lehre, Rat und Trost zu geben – wesentliche Elemente eines ganzheitlichen Lebens. Weil Gott allmächtig und allwissend ist, weiß er immer, was das Allerbeste für uns ist. Wie wichtig ist doch Gottes Wort für uns, damit wir nach seinem Willen leben und wachsen können!

Gott, unser Vater, weiß, was am besten für uns ist

V-5

Notizen

MERKVERS

„Die Weisung des Herrn ist vollkommen, sie erquickt den Menschen. Das Gesetz des Herrn ist verläßlich, den Unwissenden macht es weise. Die Befehle des Herrn sind richtig, sie erfreuen das Herz... Sie sind kostbarer als Gold, als Feingold in Menge. Sie sind süßer als Honig... Auch dein Knecht läßt sich von ihnen warnen; wer sie beachtet, hat reichen Lohn."
Ps 19,8-12

LIED ZUM THEMA

Gott, unser Vater, weiß, was am besten für uns ist

V-5

BIBELTHEMA: Adam und Eva vor dem Sündenfall

GEBET: Beten für Menschen, die keine Bibel haben

BEZUG ZUM ALLTAG DES KINDES: Die Bibel sagt uns, wie wir leben sollen

SCHÖPFUNGSTHEMA: Die Grundbedürfnisse des Menschen

IDEEN FÜR DIE PINNWAND

Bildliche Darstellung der Grundbedürfnisse des Menschen.

Einfache Illustrationen von Bibelversen (s. Leitfaden für Erzieher).

BASTELIDEEN ZUM SCHÖPFUNGSTHEMA

Pappteller-Allerlei: Behälter mit Bildern aus Illustrierten oder Zeichnungen von Nahrungsmitteln bereitstellen; die Kinder können sie auf einen Pappteller kleben, um so die verschiedenen Gruppen von Nahrungsmitteln darzustellen.

Mein Haus: Einfache Umrißzeichnung eines für Ihre Gegend typischen Wohnhauses, das die Kinder gestalten. (Watte als Rauch, Vorhänge in die Fenster, Zahnstocher als Zaun oder Tor usw.)

ANREGUNG FÜR DIE ELTERN

Die Kinder dürfen ein einfaches Gericht zubereiten, das die ganze Familie gemeinsam ißt. Die Eltern erzählen einige Erlebnisse, wie Gott ihre Familie versorgt hat.

PERSÖNLICHES BIBELSTUDIUM

BIBELTHEMA

Biblische Schlüsselstelle: *1 Mose 2*

Gott versorgte Adam und Eva mit allem, was zum Leben notwendig und gut ist

Luft. „... und blies in seine Nase den Lebensatem. So wurde der Mensch zu einem lebendigen Wesen."
1 Mose 2,7b

Nahrung. „Dann sprach Gott: Hiermit übergebe ich euch alle Pflanzen auf der ganzen Erde, die Samen tragen, und alle Bäume mit samenhaltigen Früchten. Euch sollen sie zur Nahrung dienen."
1 Mose 1,29

Schöne Umgebung. „Gott, der Herr, ließ aus dem Ackerboden allerlei Bäume wachsen, verlockend anzusehen..."
1 Mose 2,9a

Wasser. „Ein Strom entspringt in Eden, der den Garten bewässert; dort teilt er sich..."
1 Mose 2,10

Der Lebensraum, eine wichtige Aufgabe. „Gott, der Herr, nahm also den Menschen und setzte ihn in den Garten von Eden, damit er ihn bebaue und hüte."
1 Mose 2,15

Geistige Kreativität. „Gott, der Herr... führte sie (all die Tiere) dem Menschen zu, um zu sehen, wie er sie benennen würde. Und wie der Mensch jedes lebendige Wesen benannte, so sollte es heißen."
1 Mose 2,19

Beziehungen. „Dann sprach Gott, der Herr: Es ist nicht gut, daß der Mensch allein bleibt. Ich will ihm eine Hilfe machen, die ihm entspricht. Gott, der Herr, baute aus der Rippe, die er vom Menschen genommen hatte, eine Frau und führte sie dem Menschen zu."
1 Mose 2,18.22

Gott, unser Vater, weiß, was am besten für uns ist

Gott, unser Vater, weiß, was wir zum Leben brauchen

„Der Herr ist mein Hirte, nichts wird mir fehlen."
Ps 23,1

„Er (Jesus) antwortete: In der Schrift heißt es: Der Mensch lebt nicht nur von Brot, sondern von jedem Wort, das aus Gottes Mund kommt."
Mt 4,4

„Darum sage ich euch: Sorgt euch nicht um euren Lebensunterhalt, um Essen, Trinken und Kleidung. Leben bedeutet mehr als nur Essen und Trinken, und der Mensch ist mehr als seine Kleidung. Seht euch die Vögel an! Sie säen nichts, sie ernten nichts und sammeln auch keine Vorräte. Euer Vater im Himmel versorgt sie. Meint ihr nicht, daß er sich um euch noch viel mehr kümmert?" (Hoffnung für alle)
Mt 6,25.26

Wenn wir großzügig sind: „Aus seinem Reichtum wird euch Gott, dem ich gehöre, durch Jesus Christus alles geben, was ihr zum Leben braucht." (Hoffnung für alle)
Phil 4,19

„Der Herr versagt denen, die rechtschaffen sind, keine Gabe."
Ps 84,12b

ANMERKUNG: Eine Christin bekannte: Ich brauche ihn! Ich brauche seine Gegenwart, seinen Trost, seine Berührung, sein Wort des Lebens, seine Stärke, seine Weisheit. ER IST ALLES, WAS ICH BRAUCHE!

Gottes Wort gibt uns klare Richtlinien für unser Tun und Lassen, so wie es am besten für uns ist

„Seht, heute werde ich euch den Segen und den Fluch vorlegen: den Segen, weil ihr auf die Gebote des Herrn, eures Gottes, auf die ich euch heute verpflichte, hört, und den Fluch für den Fall, daß ihr nicht auf die Gebote des Herrn, eures Gottes, hört, sondern von dem Weg abweicht, den ich euch heute vorschreibe, und anderen Göttern nachfolgt, die ihr früher nicht gekannt habt."
5 Mose 11,26-28

„Es ist dir gesagt worden, Mensch, was gut ist und was der Herr von dir erwartet: Nichts anderes als dies: Recht tun, Güte und Treue lieben, in Ehrfurcht den Weg gehen mit deinem Gott."
Micha 6,8

Gott erwartet Gehorsam

„Ich bin der Herr, euer Gott: Lebt in meinen Ordnungen, und bewahrt meine Rechtsbestimmungen und tut sie!" (Rev. Elberfelder Bibel)
Hes 20,19

„Hört das Wort nicht nur an, sondern handelt danach; sonst betrügt ihr euch selbst."
Jak 1,22

Gott möchte, daß alle Menschen sein Wort hören (und wir können entsprechend beten)

„Herr, wer hat unserer Botschaft geglaubt? So gründet der Glaube in der Botschaft, die Botschaft im Wort Christi."
Röm 10,16b.17

„Land, Land, Land, höre das Wort des Herrn!"
Jer 22,29

„Die Erklärung deiner Worte bringt Erleuchtung, den Unerfahrenen schenkt sie Einsicht."
Ps 119,130

„Der Geist des Herrn ruht auf mir; denn der Herr hat mich gesalbt. Er hat mich gesandt, damit ich den Armen eine gute Nachricht bringe."
Lk 4,18a

„Im übrigen, Brüder, betet für uns, damit das Wort des Herrn sich ausbreitet und verherrlicht wird, ebenso wie bei euch."
2 Thess 3,1

SCHÖPFUNGSTHEMA: Grundbedürfnisse des Menschen

ANMERKUNG: Haben Sie schon einmal ein Bibelstudium über „Grundbedürfnisse" gemacht? In der Konkordanz finden wir viele Bibelstellen für „Haus" und „Heim", die beinhalten, daß dies etwas Grundlegendes ist, das uns unser liebender, himmlischer Versorger zur Verfügung stellt. Das Dilemma entsteht durch die Sünde in der Welt: Sie führt dazu, daß es Heimatlose, Landstreicher und Straßenkinder gibt, die den Naturelementen ausgesetzt sind. Sie bekommen auch nicht die Nahrung und Versorgung, die Gott uns Menschen eigentlich zugedacht hat. UNO-Statistiken zeigen, daß mindestens 25% der Weltbevölkerung kein Dach über dem Kopf hat! Deshalb müssen wir versuchen, uns in Gottes Gefühle für diejenigen ohne Heim und Haus hineinzuversetzen und seinen Plan und Wunsch erkennen, unser Schutz zu sein.

„Der Herr baut Jerusalem auf, die Zerstreuten Israels sammelt er." (Rev. Elberfelder Bibel)
Ps 147,2

„Der Frau, die keine Kinder haben konnte, verschafft er ein sicheres Zuhause und macht sie zu einer glücklichen Mutter. Preist den Herrn - Halleluja!" (Gute Nachricht)
Ps 113,9

„Der Herr beschützt die Fremden und verhilft den Waisen und Witwen zu ihrem Recht."
Ps 146,9

„Herr, du bist unsere Wohnung gewesen von Geschlecht zu Geschlecht." (Rev. Elberfelder Bibel)
Ps 90,1

„Nackt verbringen sie die Nacht, ohne Kleider, haben keine Decke in der Kälte. Vom Regen der Berge sind sie durchnäßt, klammern sich ohne Schutz an den Fels. Sie (die Unterdrücker) kommen hoch für kurze Zeit, dann ist es aus. Sie werden umgebogen, alle mit der Faust gepackt und wie Ährenspitzen abgeschnitten."
Hiob 24,7.8.24

Gott möchte, daß sein Volk sich um andere Menschen kümmert

„Das ist ein Fasten, wie ich es liebe: ... an die Hungrigen dein Brot auszuteilen, die obdachlosen Armen ins Haus aufzunehmen, wenn du einen Nackten siehst, ihn zu bekleiden und dich deinen Verwandten (deinem Nächsten) nicht zu entziehen. Dann wird dein Licht hervorbrechen wie die Morgenröte, und deine Wunden werden schnell vernarben."
Jes 58,6-8a

„Dann werden ihm die Gerechten antworten: Herr, wann haben wir dich hungrig gesehen und dir zu essen gegeben, oder durstig und dir zu trinken gegeben? Und wann haben wir dich fremd und obdachlos gesehen und aufgenommen, oder nackt und dir Kleidung gegeben? Darauf wird der König ihnen antworten: Amen, ich sage euch: Was ihr für einen meiner geringsten Brüder getan habt, das habt ihr mir getan."
Mt 25,37.38.40

„Was nützt es, meine Brüder, wenn jemand sagt, er habe Glauben, hat aber keine Werke? ... Wenn aber ein Bruder oder eine Schwester dürftig gekleidet ist und der täglichen Nahrung entbehrt, aber jemand unter euch spricht zu ihnen: Geht hin in Frieden, wärmt euch und sättigt euch! ihr gebt ihnen aber nicht das für den Leib Notwendige, was nützt es? So ist auch der Glaube, wenn er keine Werke hat, in sich selbst tot." (Rev. Elberfelder Bibel)
Jak 2,14-17

Gottes Wort über unsere leibliche Versorgung:

Essen. „Hört also auf, ängstlich danach zu fragen: Was werden wir essen? Was werden wir trinken? Macht euch darüber keine Sorgen! Wollt ihr denn leben wie Menschen, die Gott nicht als Vater kennen? Er weiß genau, was ihr alles braucht." (Hoffnung für alle)
Lk 12,29.30

Wasser. „Wie der Regen und der Schnee vom Himmel fällt und nicht dorthin zurückkehrt, sondern die Erde tränkt und sie zum Keimen und Sprossen bringt, wie er dem Sämann Samen gibt und Brot zum Essen..."
Jes 55,10

Luft. „Er, der allen das Leben, den Atem und alles gibt..."
Apg 17,25b

Schutz und Obdach. „Du bist mir eine Zuflucht geworden, ein starker Turm vor dem Feind." (Rev. Elberfelder Bibel)
Ps 61,4

Kleidung. „Wenn aber Gott schon das Gras (und die Lilien) so prächtig kleidet, das heute auf dem Feld steht und morgen ins Feuer geworfen wird, wieviel mehr dann euch, ihr Kleingläubigen!"
Lk 12,28

Schlaf. „Ich lege mich nieder und schlafe ein, ich wache wieder auf, denn der Herr beschützt mich."
Ps 3,6

WEITERE THEMENVORSCHLÄGE

- saubere Luft
- Ernährung
- Wo und worin kommt Wasser vor?
- Auswirkungen von Schlaf auf den Körper
- verschiedene Unterkunftsarten
- Rohstoffe für Kleidung

Gott, unser Vater, weiß, was am besten für uns ist

V-5

BIBELTHEMA: Adam und Eva vor dem Sündenfall

Als Adam und Eva geschaffen und liebevoll mitten in den Garten Eden gesetzt wurden, war dort alles vorhanden für ihre Versorgung. Auch hatten sie klare Richtlinien, was sie tun und lassen sollten. Diese Regeln waren nicht willkürlich oder grausam, sondern sorgsam durchdacht und zu ihrem Wohl geplant. Gott, unser Vater, wußte, was das Allerbeste für sie war.

ZIELE

- Die Kinder lernen die Geschichte von der Erschaffung Adams und Evas kennen.
- Sie sollen verstehen, daß Gott, unser Vater, wußte, was am besten für Adam und Eva war, und daß er sie mit allem versorgte.
- Sie sollen erkennen, daß Gott, unser Vater, klare Regeln für richtiges Leben aufgestellt hat.

MATERIAL

- Bibel: 1 Mose 2
- Schöpfungsbilderbuch
- Anschauungsmaterial für die Geschichte von Adam und Eva (vor dem Sündenfall)

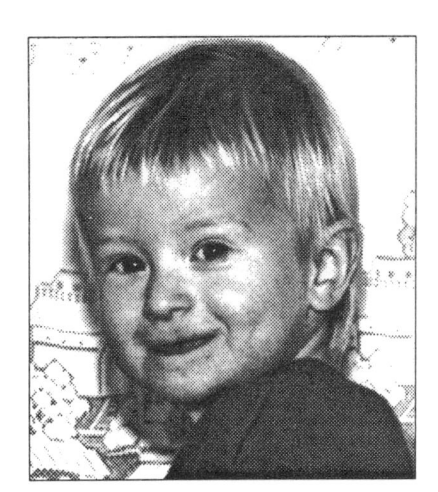

1. EINHEIT

Gott erschuf Mann und Frau am 6. Tag
Anhand des Schöpfungsbilderbuchs wird der 6. Tag betont, als Adam und Eva erschaffen wurden. Dabei kommt es besonders darauf an auszumalen, wie Gott für alles Notwendige sorgte (z. B. Nahrung, Arbeit etc.).

2. EINHEIT

Gott sorgte für alles, was der Mensch braucht
Aus der Bibel kennen wir die Geschichte von Adam und Eva im Garten. Es ist sinnvoll, bei der Erzählung der Geschichte folgendes zu betonen: „Weil Gott aber weiß, was Menschen zum Leben brauchen, erschuf er alle diese Dinge zuerst: Wasser zum Trinken, Waschen, Kochen, Luft zum Atmen, Nahrung... - vor allem aber hatten sie Gemeinschaft mit Gott, unserem Vater! Ein Dankeslied der Kinder wäre ein passender Abschluß.

Idee: Zur Illustration der Geschichte dreidimensionale Figuren aufstellen - Mann und Frau; ein Tablett mit Steinen, Plastikbäumen, Tieren und ein Fluß (aus Glanzpapier).

3. EINHEIT

Gott gab Adam und Eva Regeln als Hilfe für ihr Leben
In einer Unterhaltung zwischen Adam und Eva (Rollenspiel?) betont man die klaren Regeln, die Gott, unser Vater, ihnen für ihr Leben mitgab. Es kann ganz lebendig dargestellt werden, daß Gott wußte, daß es das Beste für sie ist, diese Regeln zu beachten. Im Gespräch mit den Kindern soll ihnen bewußt gemacht werden, wie gut sich Adam und Eva innerlich fühlten, als sie nach Gottes Anweisungen lebten.

4. EINHEIT

Gottes Regeln waren gut
Idee: Mit Fingerpüppchen die Geschichte erneut vorspielen und erzählen, daß Gottes Anweisungen zum Besten für Adam und Eva gedacht waren. Betonen, wie glücklich es Adam und Eva gemacht hat, Gott zu gehorchen.

Lied zum Thema

5. EINHEIT

Gottes Versorgung für Adam und Eva: ein Rückblick
Die Kinder dürfen die Geschichte von Adam und Eva und Gottes Versorgung für die beiden erzählen oder spielen. Sie können dabei Bilder oder das Schöpfungsbilderbuch zu Hilfe nehmen. Haben die Kinder diese Wahrheit gut verstanden, daß Gott, unser Vater, sie mit allem, was sie brauchten – Essen, Wasser, Unterkunft, Luft, Schlaf, einer schönen Umgebung, Beziehungen und sinnvoller Arbeit – versorgt hat? Und natürlich gab er ihnen auch Regeln für richtiges und falsches Handeln. Die Kinder können Gott für seine Güte danken.

ANMERKUNG FÜR ERZIEHER: Vielleicht haben Sie schon Kinder erlebt, die belustigt oder neugierig auf das Thema Nacktheit reagierten, das ein Teil dieser Geschichte ist... Es geht dabei um die nahe Beziehung von Adam und Eva zueinander und zu Gott, unserem Vater, und nicht um das Tragen oder Nichttragen von Kleidern.

Gott, unser Vater, weiß, was am besten für uns ist

V-5

GEBET: Beten für Menschen, die keine Bibel haben

Gottes Wort ist für *alle* Menschen auf der Erde. Es ist der beste Führer für das Leben, unabhängig von Sprache, Kultur und Land. Haben Sie Gott für Ihre Bibel schon einmal gedankt? Es gibt über 300 Millionen Menschen, die Gottes Wort nicht in ihrer Sprache zur Verfügung haben und viele mehr, die nie von Gott, unserem Vater, gehört haben. Was können Kinder dagegen tun? Beten!

ZIELE

- Den Kindern soll bewußt werden, daß es Volksgruppen gibt, die keinen Zugang zur Bibel haben.
- Sie sollen Anleitung bekommen, für bestimmte Menschengruppen zu beten, die keine Bibel haben.
- Es soll Dankbarkeit dafür geweckt werden, daß wir Bibeln problemlos und im Überfluß haben können.

MATERIAL

- die eigene Bibel
- Bilder und aktuelle Informationen über „unerreichte Volksgruppen"
- Weltkarte
- Bibeln in Fremdsprachen
- Lieder in verschiedenen Sprachen

1. EINHEIT

Gott möchte, daß alle Menschen sein Wort kennen und eine Bibel haben
Die eigene Bibel zeigen und Gott dafür danken, daß er uns sein Wort gibt; sonst könnten wir Gott und seine Wege nicht kennenlernen. Eine für Sie besonders bedeutsame Bibelstelle vorlesen. Es wäre hier gut, zu betonen, wie sehr sich Gott, unser Vater, wünscht, daß jeder Mensch eine Bibel hat, ihn kennenlernt, sein Freund wird und seine Wege erkennt. Aber viele Menschen haben keine Bibel. In diesen Einheiten werden die Kinder einige solcher Menschen kennenlernen.

2. EINHEIT

Gott freut sich sehr, wenn wir ihn loben und ihm danken
Mit den Kindern eine Lobpreiszeit gestalten, in der Gott für sein Wort gelobt wird. Es können so viele fremdsprachige Bibeln mitgebracht werden, wie möglich. Die Kinder lernen, Gott für die vielen Völkergruppen, die eine Bibel in ihrer Muttersprache haben, zu danken.

3. EINHEIT

Gott möchte, daß wir für andere beten
Hier wäre es gut, eine Volksgruppe vorzustellen, die nicht weiß, wer Gott, unser Vater, ist. Gottes Fürsorge für diese Menschen sollte dabei zum Ausdruck kommen. Auf der Landkarte kann gezeigt werden, wo diese Volksgruppe lebt. Gemeinsam mit den Kindern kann für diese Menschen gebetet werden, daß sie Gottes Wort in ihrer Muttersprache lesen können und es in ihrem Land verfügbar wird.
ANMERKUNG: Vielleicht leben Sie nicht weit weg von Menschen, die keine Bibel in ihrer eigenen Sprache haben. Wenn ja, fangen Sie „in der Nachbarschaft" an, damit die Kinder lernen, sich um den Nächsten zu kümmern.

4. EINHEIT

Gott sorgt auch für die Menschen, die sein Wort nicht haben
Man kann noch eine andere Volksgruppe vorstellen, oder man vertieft das Thema der 3. Einheit. Dabei wird betont, daß Gott möchte, daß diese Menschen auch sein Wort erhalten.

Puananas Beispiel: Als ich in Brasilien lebte, wurde ich auf die vielen Volksstämme im Amazonasgebiet aufmerksam, die keine Bibel in ihrer eigenen Sprache besitzen. So konnte ich die Kinder im Gebet für diese Stämme leiten. Jetzt, nach einigen Jahren, gehen Teams in diese Region und übersetzen die Bibel in die einzelnen Dialekte, damit diese Menschen Gottes Wort erhalten.

5. EINHEIT

Gott will, daß wir für jene beten, die keine Bibel haben
Diesmal kann eine Volksgruppe vorgestellt werden, die keine Bibel hat. Die Kinder werden gefragt: „Kümmert es Gott, daß diese Menschen sein Wort nicht kennen?" Was können wir tun? - Dafür beten, daß sie Bibeln erhalten. Zur Veranschaulichung kann man Bilder zeigen und alles erzählen, was man selbst über diese Menschen weiß...

Barb's Idee: Die Vorschulkinder in Hongkong begannen, regelmäßig um Bibeln für die Menschen in der Volksrepublik China zu beten. Das war zu Beginn der 80er Jahre. Millionen von Bibeln oder Bibelauszügen sind seither an eifrige Leser im ganzen Land verteilt worden, und jetzt wird die Bibel sogar in China gedruckt. Gott antwortet gerne auf Gebete von Kindern!

Kommentar eines Erziehers...
Die Kinder waren ziemlich überrascht, von Menschen zu hören, die eine Bibel besitzen möchten und auch genügend Geld hätten, eine zu kaufen - aber keine Erlaubnis haben, sie zu besitzen oder darin zu lesen. Dies war schon fast eine kleine Sensation in unseren Gebetszeiten...
Quelle unbekannt

Gott, unser Vater, weiß, was am besten für uns ist

V-5

BEZUG ZUM ALLTAG DES KINDES: Die Bibel sagt uns, wie wir leben sollen

Gott, unser Vater, gab uns sein Wort, die Bibel, um uns zu helfen, unser Leben richtig zu führen. Dieser „Leitfaden" ist sehr praktisch und im täglichen Leben anwendbar. Sogar Kinder können das erfassen. Die folgenden Einheiten werden uns zeigen, wie Gottes Wort praktisch umgesetzt werden kann.

ZIELE

- Die Kinder sollen verstehen, daß die Bibel Gottes Gebrauchsanweisung für uns Menschen ist.
- Ihnen soll bewußt werden, daß sein Wort uns lehrt, wie wir in Freundschaft mit Gott, unserem Vater, leben können.
- Sie sollen durch anschauliche Beispiele erkennen, daß Gottes Gesetze sinnvoll sind und uns Schutz geben.

MATERIAL

- Verschiedene Bibelstellen
- Bilder von Kindern, die im unmittelbaren sozialen Umfeld Sicherheitsregeln beachten – Material für eine Collage
- großer Papierbogen

1. EINHEIT

Die Bibel zeigt uns, was in Gottes Augen am besten für uns ist
Veranschaulichung von einem Gebot Gottes: Z. B.: „Ihr Kinder, seid euren Eltern in allen Dingen gehorsam; denn das gefällt dem Herrn" (Kol 3,20). Dabei versucht man herauszufinden, welches Verständnis die Kinder davon mitbringen, Eltern oder Erziehern zu gehorchen (sofortiger Gehorsam, willige Haltung, freudig?). Den Kindern soll deutlich vor Augen gemalt werden, warum wir diese Gebote befolgen sollen.

2. EINHEIT

In der Bibel finden wir die beste Anleitung für unser Leben
Freundliche und unfreundliche Worte und Verhaltensweisen gegenüberstellen, einige Bibelverse dazu vorlesen, z.B. Psalm 100,5, Jakobus 3,16, Titus 3,2 (s. Gottes Werte kennenlernen) und eine erfundene oder erlebte Geschichte erzählen.

Beispiel: Thomas und Susi spielen Ball. Gerhard will mitspielen, aber Susi stößt ihn weg und ruft aus: „Nein. Du bist zu ungeschickt!" Gleich danach fühlt sie sich deswegen nicht wohl. Gesprächsimpulse: War Susi nett? Was sagt Gott, unser Vater, über ihre Worte? Was sollte sie tun?

3. EINHEIT

Den Erziehern gehorchen
Der Erzieher denkt sich eine Rollenspielsituation aus, in der seine Anweisungen befolgt werden sollen. Er nimmt mehrere Kinder dran. (Für manche könnte das eine neue Erfahrung sein!) Danach macht er den Kindern die Folgen von Ungehorsam bewußt... Wenn wir nicht gehorchen, fühlen wir uns innerlich unzufrieden, weil wir nicht nach Gottes Plan für uns gehandelt haben.

4. EINHEIT

Begründung und Einhaltung von Regeln
Gespräch über Regeln, die uns schützen und sichern sollen. Vorschlag: Durch entsprechende Bilder veranschaulichen, daß uns Regeln schützen. Dann die Kinder über Regeln im Kindergarten (Bereiche, in denen man nicht rennen darf; niemanden schlagen etc.) und der unmittelbaren Umgebung (vor Überquerung der Straße links und rechts schauen; nicht in fremde Wohnungen gehen, ohne vorher um Erlaubnis zu fragen) usw. nachdenken lassen.

5. EINHEIT

Weises und törichtes Verhalten
Den Kindern soll vermittelt werden, was Gottes Wort über weises Verhalten sagt (z. B. Mt 7,24+26; Spr 1,5+7; 10,23; 14,16; Eph 5,15-17; Pred 2,13; Jak 1,5 - s. Gottes Werte kennenlernen -). Zur Veranschaulichung könnte eine selbsterfundene Geschichte erzählt werden, die von einer Person handelt, die sich weise verhält und einer törichten Person, die nur an sich selbst denkt. Die Kinder sollen herausfinden, wer weise und wer unweise handelt und entscheiden, wie sie sich selbst verhalten wollen. Zum Abschluß Gott um Hilfe bitten, weise zu sein (1 Joh 1,9; Jes 41,10; Ps 54,6).

Gott, unser Vater, weiß, was am besten für uns ist

V-5

SCHÖPFUNGSTHEMA: Die Grundbedürfnisse des Menschen

Gott hat bei der Schöpfung der Welt alles vorgesehen, was wir zum Leben benötigen: Er schuf die Erdatmosphäre mit der genau richtigen Menge Sauerstoff, damit die Menschen gut atmen können. Über die ganze Erde verteilte Gott natürliche Quellen, damit der Mensch trinken und sich erfrischen kann. Er schuf Tausende verschiedener Früchte, Gemüse und Nüsse als Nahrung für uns Menschen. Gott wollte, daß unser Körper ausruht, um sich zu regenerieren. Er gab uns Rohmaterialien und -stoffe, um Häuser zu bauen und Kleider zu machen, die uns vor den natürlichen Umwelteinflüssen schützen. Gott hat nichts vergessen, was für das Leben notwendig ist.

ZIELE

- Die Kinder sollen sich daran erinnern, daß Gott unser Schöpfer ist.
- Sie sollen einige der grundlegenden Rohstoffe, die Gott für die Menschen gemacht hat, erforschen.
- Sie sollen eine dankbare Haltung entwickeln und dazu ermutigt werden.

MATERIAL

- Schöpfungsgeschichte
- Bilder von Wind, der durch Bäume weht
- Bilder von Menschen auf dem Mond
- Luftballons
- Weltkarte/Globus
- Bilder von schlafenden Kindern
- ein kleines Stück Obst für jedes Kind und ein Glas Wasser
- Bilder oder Modelle von Häusern, die an verschiedene Klimata angepaßt sind
- Kleider für unterschiedliches Wetter

Das Wichtigste zum Leben...
Miss Gail: Was sind einige unserer Grundbedürfnisse zum Leben?
Rebecca: Ein Computer!
M.G.: Gut, ich meine, was brauchen wir unbedingt zum Leben?
Sarah: Oh, ich weiß es. Ein Büro!
Gail Maidment, Hongkong

1. EINHEIT

Gottes Fürsorge für den Menschen
Anhand von Bildern wird die Schöpfungsgeschichte erzählt; dabei wird immer wieder auf unseren wunderbaren Schöpfer hingewiesen. Zum ersten Mal kommt der 2. Teil dazu: der Sündenfall mit seinen Auswirkungen und der Heilsplan Gottes (die Erlösung von der Sünde durch Jesus).

2. EINHEIT

Gott versorgt die Menschen mit Luft
Erklärung: Was ist Luft? Wie lange können wir es aushalten, nicht zu atmen? Wenn die Kinder möchten, dürfen sie einige Sekunden die Luft anhalten – Luft ist lebensnotwendig! Evtl. mit Bildern illustrieren: Wind, der durch Bäume weht; Mensch auf dem Mond, wo keine Luft zum Atmen ist. Man kann auch einen Luftballon aufblasen und beobachten, wie sich seine Gestalt mit zunehmender Füllung verändert. Gott danken, daß er uns mit Luft zum Atmen versorgt hat!

3. EINHEIT

Gott versorgt die Menschen mit Nahrung und Wasser
Die Kinder lernen: Niemand kann für längere Zeit ohne Nahrung und Wasser auskommen. 1 Mose 1,29 vorlesen; darin wird Gottes Plan für die Ernährung der Menschen deutlich. Eine der folgenden Ideen für diese Einheit auswählen. Obststücke und kleine Gläser mit kaltem Wasser verteilen und dabei Gott für Nahrung und Wasser danken.

Ideen für diese Einheit:
- *auf einer Umrißkarte der Kontinente Wasser blau und Erde braun malen*
- *mit den Kindern zahlreiche Verwendungsmöglichkeiten von Wasser aufzählen*
- *Gottes Vorsorge in samenhaltigen Früchten erklären*
- *die verschiedenen Nahrungsmittelgruppen vorstellen*

4. EINHEIT

Schlaf gehört auch zu Gottes guter Versorgung
Durch Bilder von schlafenden Kindern ein Gespräch über Zubettgehzeiten, Mittagsschlaf, Nachtschlaf und das Bedürfnis unseres Körpers nach Schlaf anregen. Die Kinder werden daran erinnert, daß Gott, unser Vater, immer bei uns ist und über uns wacht, wenn wir schlafen. Was würde passieren, wenn wir immer wach blieben? (Müdigkeit, Schläfrigkeit, Anfälligkeit für Krankheiten usw.) Spielidee: Wir tun so, als ob wir schlafen und sind dabei so leise wie möglich. Mit einem Dankgebet für das Geschenk des Schlafes, der uns gesund erhält, abschließen.

5. EINHEIT

Gottes gute Versorgung mit Rohmaterial, durch das wir uns gegen natürliche Umwelteinflüsse abschirmen können
Die Kinder erzählen, wo sie leben - in einem Hochhaus, einer Wohnsiedlung etc. Sie können sich vorstellen, wie es wäre, wenn wir im Freien leben und schlafen müßten (schlechtes Wetter, Insekten im Sommer, Geräusche etc.). Bilder zeigen, wie die Menschen in verschiedenen Kulturen ihre Häuser den klimatischen Verhältnissen angepaßt haben. Auch kann man über verschiedene Arten von Kleidung sprechen, mit denen Menschen sich dem Klima anpassen, in dem sie leben. Wer hat uns einen Ort zum Leben und Kleidung, die uns wärmt, gegeben? Ihm sollten wir danken!

Gott, unser Vater, möchte, daß wir ihm gehorchen

V-6

Haben Sie schon einmal beobachtet, wieviel Zerstörung in Menschenleben angerichtet wird durch Ungehorsam und Rebellion gegenüber Gott, unserem Vater? Dies bewirkt Trauer, Schmerz und Zerbrochenheit; aber Gott selbst ist am traurigsten darüber. Gott möchte, daß wir ihm gehorchen und zwar nicht, weil er sich durch unseren Ungehorsam bedroht fühlt, sondern weil er uns liebt! Gott, unserem Vater, zu gehorchen, ist das Klügste, das wir tun können. Er ermutigt uns beständig und liebevoll zu einem Leben im Gehorsam – um unserer selbst willen.

In seinem Wort, der Bibel, gibt Gott uns klare Anweisungen, wie wir leben sollen. Gott redet ganz unterschiedlich zu uns und hilft uns, seine Anweisungen richtig zu befolgen. Wenn wir auf ihn hören, tun wir uns selbst einen Gefallen, und *Gott* freut sich!

Gott, unser Vater, möchte, daß wir ihm gehorchen

V-6

NOTIZEN

MERKVERS

„Wer meine Gebote annimmt und danach lebt, der liebt mich."
(Hoffnung für alle)
Joh 14,21a

LIED ZUM THEMA

Gott, unser Vater, möchte, daß wir ihm gehorchen

V-6

BIBELTHEMA: Adams und Evas Ungehorsam; Noahs Gehorsam

GEBET: Was können wir gegen Ungehorsam tun?

BEZUG ZUM ALLTAG DES KINDES: Gehorsam lernen und üben

SCHÖPFUNGSTHEMA: Der Regenbogen

IDEEN FÜR DIE PINNWAND

Gestaltung der Szene, in der Gott Noah seine Verheißung gab
Einzelne Farbbogen aus dem Regenbogen können wie ein Puzzle von den Kindern zusammengesetzt werden. Menschen werden als schwarze Silhouetten dargestellt; Felsen aus braunem Textil-Gewebe stehen dreidimensional hervor.

BASTELIDEEN ZUM SCHÖPFUNGSTHEMA

Runder Regenbogen (für etwas ältere Kinder): Zunächst ein Rad mit Grundfarben herstellen, in dem die Kinder die mit Farbpunkten markierten Kreisausschnitte ausmalen. Dann erhalten die Kinder ein Blatt mit leeren Kreisen. Sie dürfen die richtige Anzahl von Punkten aus Lebensmittelfarbe in jeden Kreis tropfen, genau nach der Vorgabe. Nun vorsichtig die Kreise mit weißem Küchenpapier bedecken, und ein runder Regenbogen erscheint.

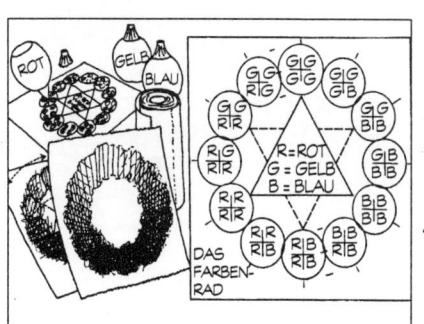

Regenbogen aus Transparentpapier
Behälter mit Transparentpapierstückchen in den Grundfarben und Grün. Die Kinder sollen herausfinden, welche Farben sich durch Überlappen zu einer neuen Regenbogenfarbe verändern; einen Regenbogen aufkleben und ans Fenster hängen.

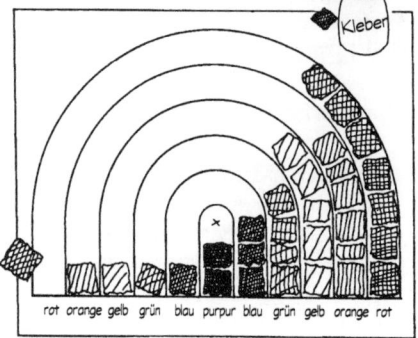

WEITERE IDEEN:

_____
_____
_____

ANREGUNG FÜR DIE ELTERN

Es ist immer gut, aus aktuellen Lebenssituationen heraus über Gehorsam zu sprechen. Benutzen Sie Beispiele, Rollenspiele und Humor, um ihren Standpunkt darzulegen.

PERSÖNLICHES BIBELSTUDIUM

BIBELTHEMA

Biblische Schlüsselstelle: *1 Mose 3, 6, 7, 8, 9,1-17*

Direkt aus dem Lexikon:
Bedeutungen des hebräischen Wurzel-Wortes für „Gehorsam":
- *intelligentes und aufmerksames Hören; zustimmen, erwägen, einverstanden sein, aussprechen, bezeugen, zuhören, verstehen*
- *unterworfen sein (wie unter einer Königsherrschaft)*

Was sagt die Bibel über Gehorsam?

Gott gebietet ihn. „Meine Rechtsbestimmungen sollt ihr tun, und meine Ordnungen sollt ihr halten... Ich bin der Herr, euer Gott. Und meine Ordnungen und meine Rechtsbestimmungen sollt ihr halten. Durch sie wird der Mensch, der sie tut, Leben haben. Ich bin der Herr." (Rev. Elberfelder Bibel)
3 Mose 18,4.5

ANMERKUNG: Bemerken Sie die Dringlichkeit und Tragweite dieser Aussage?

Gehorsam setzt Glauben an Gottes Autorität voraus. „Da antwortete der Hauptmann: Herr, ich bin es nicht wert, daß du mein Haus betrittst; sprich nur ein Wort, dann wird mein Diener gesund. Auch ich muß Befehlen gehorchen, und ich habe selber Soldaten unter mir; sage ich nun zu einem: Geh!, so geht er, und zu einem andern: Komm!, so kommt er, und zu meinem Diener: Tu das!, so tut er es. Jesus war erstaunt, als er das hörte und sagte zu denen, die ihm nachfolgten: Amen, das sage ich euch: Einen solchen Glauben habe ich in Israel noch bei niemand gefunden."
Mt 8,8-10

Gott, unser Vater, möchte, daß wir ihm gehorchen

Wir sind der Person oder der Sache, der wir gehorchen, verpflichtet. „Wißt ihr nicht, daß ihr dem Herrn gehorchen müßt, dem ihr euch verpflichtet habt? Und das heißt: Wenn ihr euch für die Sünde entscheidet, dann werdet ihr sterben. Entscheidet ihr euch aber für den Gehorsam, der aus dem Glauben kommt, dann wird Gott euch annehmen." (Hoffnung für alle)
Röm 6,16

Gehorsam ist wichtiger als Opfer. „Hat der Herr an Brandopfern und Schlachtopfern das gleiche Gefallen wie am Gehorsam gegenüber der Stimme des Herrn? Wahrhaftig, Gehorsam ist besser als Opfer, Hinhören besser als das Fett von Widdern. Denn Trotz ist ebenso eine Sünde wie die Zauberei, Widerspenstigkeit ist ebenso schlimm wie Frevel und Götzendienst."
1 Sam 15,22.23a

Jesu Gehorsam hat unsere Erlösung bewirkt. „Denn wie durch des einen Menschen Ungehorsam die vielen in die Stellung von Sündern versetzt worden sind, so werden auch durch den Gehorsam des einen die vielen in die Stellung von Gerechten versetzt werden." (Rev. Elberfelder Bibel)
Röm 5,19

Gehorsam offenbart unsere Beziehung zu Gott. „Jesus antwortete ihm: Wenn jemand mich liebt, wird er an meinem Wort festhalten; mein Vater wird ihn lieben, und wir werden zu ihm kommen und bei ihm wohnen."
Joh 14,23

Gehorsam bringt Segen. „Den Himmel und die Erde rufe ich heute als Zeugen gegen euch an. Leben und Tod lege ich dir vor, Segen und Fluch. Wähle also das Leben, damit du lebst, du und deine Nachkommen. Liebe den Herrn, deinen Gott, hör auf seine Stimme, und halte dich an ihm fest."
5 Mose 30,19.20a

Warum Gehorsam?

„Du hast deine Befehle gegeben, damit man sie genau beachtet."
Ps 119,4

„Deine Bestimmungen sind gut." (Rev. Elberfelder Bibel)
Ps 119,39b

„Du hast deine Vorschriften erlassen in Gerechtigkeit und in großer Treue."
Ps 119,138

„Jedes Wort, das du sagst, ist wahr. Was du, gerechter Gott, entschieden hast, gilt für immer und ewig." (Hoffnung für alle)
Ps 119,160

Was ist Gottes Reaktion auf Gehorsam?

Wohlwollen. „Noah fand Gnade (Gunst) in den Augen des Herrn... Noah war ein gerechter, untadeliger Mann unter seinen Zeitgenossen; er ging seinen Weg mit Gott. Noah tat alles genau so, wie ihm Gott aufgetragen hatte."
1 Mose 6,8.9.22

Gottes Wunsch, uns Gutes zu tun. „Möge doch diese ihre Gesinnung bleiben, mich allezeit zu fürchten und alle meine Gebote zu halten, damit es ihnen und ihren Kindern ewig gutgeht!" (Rev. Elberfelder Bibel)
5 Mose 5,29

ANMERKUNG: Hören Sie aus diesem Wunsch heraus, wie Gottes Herz voller Liebe für uns schlägt?

Das Himmelreich. „Nicht jeder, der zu mir sagt: Herr! Herr!, wird in das Himmelreich kommen, sondern nur, wer den Willen meines Vaters im Himmel erfüllt."
Mt 7,21

Verheißungen - erfüllt für Generationen. „Ich habe bei mir geschworen: Weil du das getan hast und deinen einzigen Sohn mir nicht vorenthalten hast, will ich dir Segen schenken in Fülle und deine Nachkommen zahlreich machen wie die Sterne am Himmel und den Sand am Meeresstrand... Segnen sollen sich mit deinen Nachkommen alle Völker der Erde, weil du auf meine Stimme gehört hast."
1 Mose 22,16-18

V-6

Sieg. „Wie der Herr es seinem Knecht Mose befohlen hatte, so hatte es Mose Josua befohlen, und so führte Josua es aus: Er unterließ nichts von all dem, was der Herr dem Mose befohlen hatte. So nahm Josua dieses ganze Land ein..."
Jos 11,15.16a

Der erste Ungehorsam.
„Dann gebot Gott, der Herr, dem Menschen: ...vom Baum der Erkenntnis von Gut und Böse darfst du nicht essen; denn sobald du davon ißt, wirst du sterben. Darauf sagte die Schlange zur Frau: Nein, ihr werdet nicht sterben. Da sah die Frau, daß es köstlich wäre, von dem Baum zu essen, daß der Baum eine Augenweide war und dazu verlockte, klug zu werden. Sie nahm von seinen Früchten und aß; sie gab auch ihrem Mann, der bei ihr war, und auch er aß."
1 Mose 2,16.17; 3,4.6

Ungehorsam bringt Zerstörung

Unvermeidliche Konsequenzen.
„Gott, der Herr, schickte ihn aus dem Garten Eden hinaus, den Erdboden zu bebauen, von dem er genommen war." (Rev. Elberfelder Bibel)
1 Mose 3,23

Gottes Schmerz und Trauer. „Der Herr sah, daß auf der Erde die Schlechtigkeit des Menschen zunahm und daß alles Sinnen und Trachten seines Herzens immer nur böse war. Da reute es den Herrn, auf der Erde den Menschen gemacht zu haben, und es tat seinem Herzen weh."
1 Mose 6,5.6

Gottes Zorn. „Groß ist der Zorn des Herrn, der sich gegen uns entzündet hat, dafür, daß unsere Väter auf die Worte dieses Buches nicht gehört haben, nach allem zu tun, was unsertwegen aufgeschrieben ist." (Rev. Elberfelder Bibel)
2 Kön 22,13b

Flüche. „Verflucht der Mensch, der nicht hört auf die Worte dieses Bundes, die ich euren Vätern aufgetragen habe, als ich sie aus Ägypten herausführte..."
Jer 11,3.4a

Verwerfung. „Ihr seid das Volk, das dem Herrn, seinem Gott, nicht gehorcht und sich nichts sagen läßt. Treue und Wahrheit habt ihr verloren, ihr sprecht nicht einmal mehr darüber! ... Stimm die Totenklage an, draußen auf den kahlen Hügeln! Denn ich, der Herr, habe dich verstoßen..."
(Hoffnung für alle)
Jer 7,28.29a

Wir können beten für die, die ungehorsam sind

„Erhöre mich, Herr, erhöre mich (sagte Eliah auf dem Karmel)! Dieses Volk soll erkennen, daß du, Herr, der wahre Gott bist und daß du sein Herz zur Umkehr wendest."
1 Kön 18,37

„Mose kehrte zum Herrn zurück und sagte: Ach, dieses Volk hat eine große Sünde begangen... wenn du doch ihre Sünde vergeben wolltest!" (Rev. Elberfelder Bibel)
2 Mose 32,31.32a

„Jesus aber betete: Vater, vergib ihnen, denn sie wissen nicht, was sie tun."
Lk 23,34a

„Sie (die Israeliten) weigerten sich zu gehorchen und dachten nicht mehr an deine Wundertaten, die du an ihnen getan hattest. Sie verhärteten ihren Nacken und setzten ein Haupt über sich, um zu ihrer Knechtschaft in Ägypten zurückzukehren. Du aber bist ein Gott der Vergebung, gnädig und barmherzig, langsam zum Zorn und groß an Gnade, und du hast sie nicht verlassen." (Rev. Elberfelder Bibel)
Neh 9,17

SCHÖPFUNGSTHEMA: Der Regenbogen

Der allererste Regenbogen
„Gott sprach: Das ist das Zeichen des Bundes, den ich stifte zwischen mir und euch und den lebendigen Wesen bei euch für alle kommenden Generationen: Meinen Bogen setze ich in die Wolken; er soll das Bundeszeichen sein zwischen mir und der Erde. Balle ich Wolken über der Erde zusammen und erscheint der Bogen in den Wolken, dann gedenke ich des Bundes, der besteht zwischen mir und euch und allen Lebewesen, allen Wesen aus Fleisch, und das Wasser wird nie wieder zur Flut werden, die alle Wesen aus Fleisch vernichtet. Steht der Bogen in den Wolken, so werde ich auf ihn sehen und des ewigen Bundes gedenken zwischen Gott und allen lebenden Wesen, allen Wesen aus Fleisch auf der Erde."
1 Mose 9,12-16

Der Regenbogen ist ein Symbol für Glanz und Herrlichkeit

„Wie das Aussehen des Bogens, der am Regentag in der Wolke ist, so war das Aussehen des Glanzes ringsum." (Rev. Elberfelder Bibel)
Hes 1,28a

„Auf dem Thron saß einer, der wie ein Jaspis und ein Karneol aussah. Und über dem Thron wölbte sich ein Regenbogen, der wie ein Smaragd aussah."
Offb 4,3

„Ich sah: Ein anderer gewaltiger Engel kam aus dem Himmel herab; er war von einer Wolke umhüllt, und der Regenbogen stand über seinem Haupt. Sein Gesicht war wie die Sonne, und seine Beine waren wie Feuersäulen."
Offb 10,1

WEITERE THEMENVORSCHLÄGE

- Regenbogen
- Wasserkreislauf
- Grundfarben des Spektrums
- Prismen

Gott, unser Vater, möchte, daß wir ihm gehorchen

V-6

BIBELTHEMA: Adams und Evas Ungehorsam; Noahs Gehorsam

Adam und Eva gehorchten Gottes Gebot nicht und stürzten so die ganze Menschheit in Tod und Zerstörung. Seit diesem Zeitpunkt hat der Mensch mit Sünde zu kämpfen. Dies hat Gottes Herz mit Schmerz und Trauer erfüllt. Aber weil Noah gehorsam war, hat er bei Gott Gefallen gefunden. In dieser Lerneinheit werden die beiden Geschichten gegenübergestellt.

ZIELE

- Die Kinder lernen die biblische Geschichte von Adams und Evas Ungehorsam kennen.
- Ebenso lernen sie die biblische Geschichte von Noahs Gehorsam kennen.
- Sie sollen anhand dieser Geschichten verstehen, wie Ungehorsam Gott traurig macht und Gehorsam ihn freut.

MATERIAL

- Bibel: 1 Mose 3, 6, 7, 8, 9,1-17
- Anschauungsmaterial für die Geschichte von Adams und Evas Ungehorsam
- Anschauungsmaterial für die Geschichte von Noah
- Puppen, die Herrn und Frau Noah darstellen
- Arche Noah als Spielset

Es regnete in Strömen, die Sintflut kam ...
Lynne beklagte sich fürchterlich, als wir das Lied von der Arche an einem grauen Regentag inmitten der Regenzeit sangen. „Warum?" fragte die Erzieherin. „Weil Gott dann die Flut schickt!"
Johanne Hooker, Hongkong

1. EINHEIT

Adam und Eva sind Gott ungehorsam
Wie wunderbar hatte Gott Adam und Eva mit allem versorgt, was sie zum Leben brauchten. Weil Gott wußte, was das Beste für sie war, hatte er ihnen ein weises Gebot gegeben, aber sie haben sich entschieden, es nicht zu befolgen. Es wird die Geschichte ihres Ungehorsams erzählt und betont, wie sehr Sünde Gott traurig macht.

2. EINHEIT

Gehorsam gegen Ungehorsam
Hier geht es darum, das Verständnis der Kinder von Gehorsam und Ungehorsam zu vertiefen, z. B. indem die Kinder über den Merkvers nachdenken. Anschließend wird die Geschichte von Adam und Eva noch einmal erzählt und ihre Entscheidung erörtert: Zeugt sie von Gehorsam oder Ungehorsam? Jetzt ist es wichtig, mit den Kindern erneut über die Folgen von Ungehorsam zu sprechen: Adam und Eva litten unter den Auswirkungen, Sünde trat in die Welt und Gott war sehr betrübt darüber, daß sie seinem Gebot nicht gehorchten, das doch zu ihrem Besten gedacht war.

3. EINHEIT

Noah gehorcht Gott
Es ist sinnvoll, Noahs Geschichte damit zu beginnen, daß Gott traurig über den andauernden Ungehorsam der Menschen ist. Bei der Erzählung ist es wichtig hervorzuheben, wie Noah auf Gottes Weisungen gehört und sie befolgt hat, und welches Ergebnis sein Gehorsam hatte: Seine Familie und zwei Tiere jeder Art wurden von der Flut verschont. Zum Abschluß beschäftigen wir uns mit dem Merkvers, besonders in Bezug auf Noahs Verhalten gegenüber Gottes Weisungen.

4. EINHEIT

Gottes Versprechen an Noah
Welche Folgen hatte Noahs Gehorsam?! Wenn jetzt die Geschichte von Noah nochmals erzählt wird, betonen wir besonders das Versprechen, das Gott Noah nach der Flut gab. Es wurde sogar besiegelt durch den ersten Regenbogen, den die Menschen jemals sahen. Hier sollte man deutlich machen, daß Gott seine Verheißungen hält und wir uns wirklich auf ihn verlassen können!

5. EINHEIT

Gott freut sich über Noahs Gehorsam
Die folgenden Vorschläge zeigen Möglichkeiten auf, wie die Geschichte von Noah wiederholt und vertieft werden kann. Dabei ist es wichtig, daß die Kinder erfassen, wie sehr Gott sich über Noahs Gehorsam freut.

1) Rollenspiel: Kinder spielen Noahs Familie und die verschiedenen Tiere.
2) Nacherzählung der Geschichte mit eigenen Worten.
3) Puppenspiel: Herr und Frau Noah erzählen, wie es war, so lange mit so vielen Tieren in der Arche zu sein.
4) Der Erzieher benützt irgendein Arche-Noah-Spielset, um die Geschichte zu erzählen.

Gott, unser Vater, möchte, daß wir ihm gehorchen

V-6

GEBET: Was können wir gegen Ungehorsam tun?

Gott hat nie beabsichtigt, daß unsere Welt durch Rebellion und Ungehorsam verwüstet wird. Es ist nicht sein Wille, daß die Schöpfung so unendlich leidet! Und wir sind gegenüber der Rebellion der Menschen nicht hilflos. Wir können Gott gehorchen und beten.

Wenn wir selbst ungehorsam sind, dann gibt es Vergebung. Wir müssen nur unsere Sünde vor Gott und vor der Person, die wir durch unser Fehlverhalten verletzt haben, bekennen... Wenn ich z. B. meine Schwester geschlagen habe, muß ich erst Gott und anschließend sie um Vergebung bitten. Nur dann kann ich wirksam für andere beten, die gegenüber Gott und seinen Wegen ungehorsam sind.

ZIELE

- Die Kinder lernen, wie sie für Ungehorsam um Vergebung bitten können.
- Sie sollen angeleitet werden zur Fürbitte für jene, denen es schwerfällt, gehorsam zu sein.

MATERIAL

- Bilder von Menschen oder Volksgruppen, für die Sie täglich beten - aus Ihrer eigenen Umgebung oder den Nachrichten
- Weltkarte oder Globus

VORSICHT: *In dieser Einheit geht es darum, für Leute zu beten, die Gott ganz offensichtlich ungehorsam sind. Nur wenn wir Ungehorsam in unserem eigenen Leben erkannt haben, können wir wirkungsvoll in Demut für andere beten. Gottes Gnade in unserem eigenen Leben zu erkennen, wird uns davor bewahren, andere mit Arroganz oder Stolz zu verurteilen.*

1. EINHEIT

Gott für Ungehorsam um Vergebung bitten
Hier ist eine Klärung des Begriffes „Ungehorsam" notwendig: „Nicht zu tun, worum man gebeten wird oder bewußt zu tun, was man nicht tun soll." Nun ist es möglich, die Kinder dahin zu führen, daß sie auf Gott hören, damit er ihnen zeigt, ob sie in letzter Zeit ungehorsam waren. Die Kinder dürfen für allen Ungehorsam, der ihnen in den Sinn kommt, um Vergebung bitten. Bitten Sie zum Schluß Gott, daß er jedem Kind hilft, sofort und freudig zu gehorchen. (Vorsicht: Keinen Druck zum Beten ausüben!)

2. EINHEIT

Gebet für andere
Zuerst ist es für jeden wichtig, um Vergebung für jegliche Art von Ungehorsam zu bitten. Danach können Sie eine Person oder eine Gruppe von Menschen vorstellen, die nicht Gottes Gesetzen gehorchen. Helfen Sie den Kindern, für diese zu beten. Bilder oder ein Globus können zur Illustration dienlich sein. Ein Bild kann der Gebetskartei (siehe V2, Gebet, 5. Einheit) hinzugefügt werden.

3. EINHEIT

Gebet für andere
Nachdem die Kinder wieder die Möglichkeit hatten, für ihren eigenen Ungehorsam um Vergebung zu bitten, führt man sie in das Gebet für eine andere Menschengruppe oder eine Person, die Gott gegenüber noch ungehorsam ist. Wir können für andere beten, daß Gott ihnen hilft zu gehorchen.

4. EINHEIT

Gebet für andere
Die Kinder erhalten wieder Gelegenheit, Ungehorsam in bestimmten Situationen zu bekennen und Vergebung zu empfangen. Anschließend kann für eine weitere Person oder Gruppe gebetet werden, die Gehorsam lernen muß. Es kann auch für dieselbe Person oder Gruppe wie in der 3. Einheit gebetet werden. Ein abschließendes Dankgebet könnte wie folgt lauten: Gott, unser Vater, ich danke dir, daß du unsere Gebete hörst und beantwortest, weil du das Beste für uns willst.

5. EINHEIT

Gebet für andere
Zunächst dürfen die Kinder wieder für ganz konkrete Fälle eigenen Ungehorsams um Vergebung bitten. Nochmals wird für eine Person oder Gruppe gebetet, daß Gott ihr hilft, seine Weisungen zu befolgen - weil Gott weiß, was am besten für sie ist. Mit Dank für Gottes Vergebung und seine Hilfe, ihm zu gehorchen, schließen wir.

Barb's Beispiel: Wenn wir Kinder zum Bekennen von Ungehorsam anleiten, finde ich es immer hilfreich, den genauen Vorfall zu benennen, anstatt ihn allgemein zu umschreiben. So kam es zu Gebeten wie diesen: „Jesus, vergib mir, daß ich meine Kleider heute morgen nicht aufgehoben habe, als Mama mich darum bat." „Vater im Himmel, es tut mir leid, daß ich weitergespielt habe, als Mama mir gesagt hat, ich solle die Spielsachen wegräumen." Wenn die Kinder ganz spezifisch für Dinge beten, wird ihr Gewissen erleichtert und sie lernen, in einer ähnlichen Situation zu gehorchen.

Gott, unser Vater, möchte, daß wir ihm gehorchen

V-6

BEZUG ZUM ALLTAG DES KINDES: Gehorsam lernen und üben

Gehorsam braucht Übung. Als Erwachsene wissen wir, wie lange es dauert, bis wir richtige Gewohnheiten in unserem Leben eingeübt haben. Kinder brauchen die gleiche Übung, um Gehorsam zu lernen und zu praktizieren. Diese Einheit hat zum Ziel, Kinder aus dem Wort Gottes über Gehorsam zu lehren und ihnen eine Übungszeit zu geben.

ZIELE

- Den Kindern soll bewußt werden, wie wichtig Gehorsam ist.
- Man hilft ihnen herauszufinden, wem sie gehorchen sollen.
- Sie üben Gehorsam ein.

MATERIAL

- Leitfaden für Erzieher
- Bilder von Eltern, Großeltern, Erziehern
- Bilder von Kindern, die ihren Eltern gehorchen (z. B. Spielzeug wegräumen, ins Bett gehen)
- Bild, das Ihre „persönliche Geschichte des Gehorsams" veranschaulicht

Gehorsam lernen...
Miss Susan: Danke, Andy, daß du mir gehorcht hast.
Andy (4jährig): Oh, das war gar nichts!

Ein paar Tage später betet Andy laut: „Danke, lieber Gott, daß ich jetzt schon ein paar Tage richtig lieb war!"
Susan Abraham, Hongkong

1. EINHEIT

„Kinder in Gottes Wegen erziehen"
In dieser Einheit geht es darum, den Kindern zu vermitteln, daß, wenn Gott weiß, was das Beste für uns ist, es auch das Klügste ist, ihm zu gehorchen. Dazu müssen wir sein Wort kennen, das uns lehrt, wie wir leben sollen. Sie könnten den Kindern einige Bibelverse über Gehorsam vorlesen (5 Mose 5,29; Jak 1,22; Kol 3,20; Lk 2,51; Hebr 13,17) - s. Gottes Werte kennenlernen - und gemeinsam herausfinden: gehorchen heißt, schnell und mit freudigem Herzen tun, was mir aufgetragen wird.

2. EINHEIT

Gehorsam lernen
Wählen Sie als Thema eine in Ihrer Kindergruppe aktuelle Verhaltensweise (z. B. schlagen) aus und führen Sie den Kindern die Folgen vor Augen (Schmerzen, Weinen...). Dann könnten einige der folgenden Bibelstellen vorgelesen und erläutert werden: Mt 12,19; Spr 3,30+31; 16,32; 29,22 und dagegen: Ps 103,8; Jes 41,10; Mt 5,24; 1 Joh 1,9 (s. Gottes Werte kennenlernen). Gottes Wort will ermutigen, richtiges Verhalten einzuüben.

ANMERKUNG: Denken Sie daran, daß lernen ein Prozeß ist. Es mag sein, daß Sie eindrücklich lehren, daß man niemanden schlagen soll, und gleich danach beobachten Sie, wie ein Kind auf ein anderes zugeht und es schlägt. Benutzen Sie solche Vorfälle als Lernfeld. Seien Sie nicht entmutigt, denn wir alle brauchen Zeit, um zu lernen!

3. EINHEIT

Wem sollen wir gehorchen?
Die Bibel spricht vom Gehorsam gegenüber Eltern, Leitern, Autoritätspersonen usw. Anhand entsprechender Bilder werden die Kinder angeregt, ihre Erfahrungen mitzuteilen und die Definition von „Gehorsam" zu wiederholen. Im Rollenspiel können Situationen mit den verschiedenen Personen nachgespielt werden. So üben die Kinder Gehorsam.

Spielidee: „Simon sagt": Die Kinder bekommen von Simon einfache Anweisungen, die sie befolgen. Simon wird ersetzt durch Mutter, Großvater, Erzieher oder Lehrer (z. B. „Mutter sagt: es ist Zeit für das Frühstück").

4. EINHEIT

Gehorsam üben
Zur Veranschaulichung zeigt man ein Bild von einem Kind beim Wegräumen seiner Spielsachen. Daran kann verdeutlicht werden, daß den Eltern gehorchen, wie Gott es möchte, auf ganz praktische Art geschieht. Weisen Sie auf die Freude hin, die Gehorsam bei Kindern und Eltern bewirkt. Ein Rollenspiel ist gut geeignet, um Gehorsam einzuüben.

5. EINHEIT

Folgen von Gehorsam
Kinder sind ganz Ohr, wenn ihnen wichtige Personen von ihren eigenen Erfahrungen erzählen. Wie wäre es mit zwei kurzen persönlichen Erlebnissen: Erstens, wie Sie selbst (bewußt) ungehorsam waren, und zweitens, wie sie beschlossen hatten zu gehorchen, obwohl es ihnen schwerfiel. Wie haben Sie sich gefühlt, als Sie ungehorsam waren, und wie, als Sie gehorchten? Gab es Folgen oder Konsequenzen? So können die Kinder besser verstehen, daß auch *Sie* Gott gehorchen müssen.

Gott, unser Vater, möchte, daß wir ihm gehorchen

V-6

SCHÖPFUNGSTHEMA: Der Regenbogen

„Schau. Da ist ein Regenbogen!" Wir werden nie müde, dieses wunderschöne Farbband am Himmel zu bestaunen. Es erinnert uns an Gottes Versprechen und ermutigt uns, in der von ihm gegebenen Richtung weiterzugehen. Denn Gott spricht nicht nur auf vielfältige Art und Weise zu uns, um uns Richtung zu geben, sondern er bestätigt auch, *daß* wir auf dem rechten Weg *sind*. Noah ist Gott gehorsam gewesen, und Gott drückte seine Antwort und sein Versprechen in bunten Farben aus!

ZIELE

- Die Kinder sollen sich daran erinnern, daß Gott unser Schöpfer ist.
- Sie erfahren, wie Regenbögen entstehen.
- Sie lernen die Regenbogenfarben kennen.

MATERIAL

- Text: Schöpfungsgeschichte
- bekannte Zeichen, z. B. Stoppschilder
- Fotos von Regenbögen
- Wasserkreislaufpuzzle
- Diagramm von Sonne, Wolken, Regentropfen, die einen Regenbogen erzeugen
- Prisma
- Farbkarten und entsprechende Namenskärtchen
- Material für eine Wanddekoration; farbiges Seidenpapier, große Papierbögen

1. EINHEIT

Gott hat den Regenbogen geschaffen
Erzählen oder lesen Sie die Schöpfungsgeschichte (Teil 1+2) vor und unterstreichen Sie Gottes Plan für die Schöpfung und seine Liebe zu den Menschen. Fotos vom Regenbogen, an deren Schönheit sich alle erfreuen dürfen, führen in das Thema ein. Sicherlich möchten die Kinder einen Regenbogen, den sie gesehen haben, beschreiben. Danken wir Gott dafür, daß er etwas so Wunderschönes geschaffen hat!

2. EINHEIT

Wie entstehen Regenbögen?
Hier wird der Geschichte von Noah etwas vorgegriffen. Sie können kurz erklären, daß die Kinder noch hören werden, welche besondere Bedeutung Gott dem Regenbogen gegeben hat (das Versprechen Gottes, nie wieder eine Sinflut zu schicken) und dann beschreiben, wie ein Regenbogen entsteht: Die Sonne scheint durch Wassertropfen hindurch. Es bietet sich besonders für ältere Kinder an, auch den Wasserkreislauf als die drei Schritte der Bewässerungstechnik Gottes für die Erde zu erklären: Niederschläge, Verdunstung, Kondensation.

3. EINHEIT

Sonne, Wolken und Regenbögen
Können Sie ein Prisma besorgen? Dann könnten Sie an einem sonnigen Tag mit Hilfe des Prismas, durch das Sonnenlicht scheint, zeigen, wie ein Regenbogen entsteht (wenn Licht „gebrochen" wird). Möchten Sie die Kinder ein wenig mit dem Prisma experimentieren lassen? Ein Diagramm von Sonne, Wolken und Regentropfen veranschaulicht sehr gut, wie man einen Regenbogen sehen kann, wenn man zwischen der Sonne und dem Regen oder den Regenwolken steht. Möchten sie gemeinsam Gott für die Schönheit seiner Schöpfung danken?

Alternative zum Prisma: Legen Sie einen Spiegel in eine flache Schüssel Wasser an einer Stelle, wo er die Sonne reflektiert. Verändern Sie den Winkel des Spiegels so lange, bis sie den Regenbogen an die Wand projiziert haben.

4. EINHEIT

Die Regenbogenfarben
Es sind immer dieselben und in derselben Reihenfolge: rot, orange, gelb, grün, blau und lila. Die Kinder können diese auf Fotos von Regenbögen herausfinden und die Farben benennen. Danach zählen die Kinder noch andere Dinge aus der Schöpfung auf, die ebenfalls diese Farben haben.

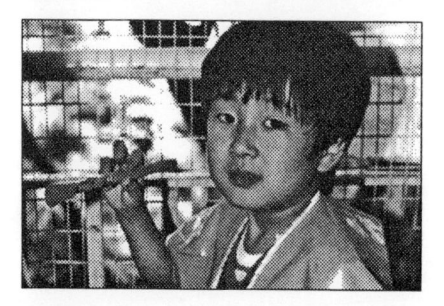

5. EINHEIT

Mit dem Regenbogen „spielen"
Den Kindern können folgende Angebote gemacht werden:
1) Regenbögen ausmalen oder selbst malen
2) dreiteilige Karten und Regenbogen legen
3) Regenbogen-Puzzle zusammensetzen
4) Farbkarten mit den passenden Namenskärtchen zusammenbringen
5) einen Wandbehang herstellen, indem farbiges Seidenpapier auf ein vorbereitetes „Regenbogenband" geklebt wird.

Der besondere „Touch"...
Lieber Gott, morgen ist mein Geburtstag. Kannst Du bitte einen Regenbogen an den Himmel setzen?
aus: „Children's Prayers to God"
(= Kindergebete),
Woman's Day Magazine

59

Gott, unser Vater, versteht unsere Gefühle, denn er hat auch Gefühle

V-7

„Wen kümmert es schon...?"

Wieviele Menschen in dieser Welt, in der es so viele emotional Verletzte gibt, sagen das immer wieder – oft mehr durch ihr Verhalten als durch ihre Worte. Die Antwort ist: Ja, jemand sorgt sich um dich. Wenn Kinder verwirrende Gefühle empfinden, brauchen sie unsere Zusicherung, daß Gott, unser Vater, genau versteht, wie sie sich fühlen, und daß sie es *ihm* sagen können. Wer könnte in solchen Situationen besser zuhören als er? Er hat ja schließlich auch Gefühle!

Dieses Kapitel beschäftigt sich mit einigen der von Gott gegebenen Emotionen und angemessenen Reaktionen darauf. Ziel dieser Einheit ist es, Kinder und ebenso Erzieher zu ermutigen, Gott, unserem Vater, ihre Gefühle mitzuteilen. Er versteht sie und nimmt sie ernst, weil er auch Gefühle hat.

Gott, unser Vater, versteht unsere Gefühle, denn er hat auch Gefühle

V-7

NOTIZEN

MERKVERS

„Ihr Menschen, vertraut ihm jederzeit, und schüttet euer Herz bei ihm aus! Gott ist unsere Zuflucht." (Hoffnung für alle)
Ps 62,9

LIED ZUM THEMA

Gott, unser Vater, versteht unsere Gefühle, denn er hat auch Gefühle

V-7

BIBELTHEMA: Josefsgeschichte

GEBET: Wir dürfen Gott erzählen, wie wir uns fühlen

BEZUG ZUM ALLTAG DES KINDES: Unsere Gefühle kennen- und verstehenlernen

SCHÖPFUNGSTHEMA: Wie kommen wir zur Kleidung?

IDEEN FÜR DIE PINNWAND

Entdecker-Ecke aus Pinnwand und Regal gestalten mit Bildern, Rohmaterialien und den daraus hergestellten Produkten.

Gesichter aus Pappe, die verschiedene Gemütszustände ausdrücken, an die Pinnwand heften und als Grundlage für ein gemeinsames Gespräch verwenden. Die Kinder zählen die Situationen auf, in denen sie sich entsprechend fühlen.

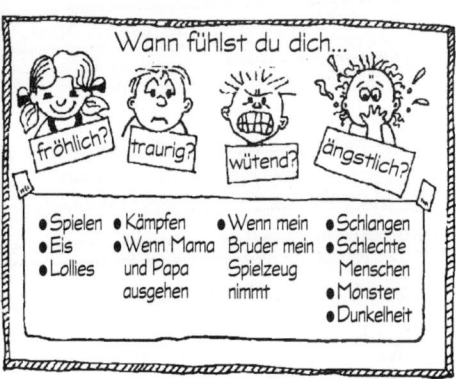

BASTELIDEEN ZUM SCHÖPFUNGSTHEMA

Fingerpuppen aus Pappkartonrollen kreativ gestalten: Haare aus Watte oder Wolle, Gesicht aus Samen, Kleidung aus Stoffresten.

T-Shirt-Kunst
Die Kinder malen mit Stoffarben ein Bild auf Papier und bügeln das Bild auf ein T-Shirt, das sie mit nach Hause nehmen dürfen.

ANREGUNG FÜR DIE ELTERN

Ich habe Zeit für dich! Nehmen Sie sich Zeit nur für ihr Kind allein (Spaziergang, Eisessen gehen etc.). Erzählen Sie ihm von Ihren persönlichen Gefühlen oder Gedanken, um ihrem Kind zu vermitteln, daß es richtig und normal ist, über Gefühle zu reden. Ermutigen Sie es, sich auch mitzuteilen.

PERSÖNLICHES BIBELSTUDIUM

BIBELTHEMA

Biblische Schlüsselstelle:
1 Mose 37-50

Was sind Gefühle?
Aus dem Lexikon: Emotionen - „Ein Gefühlszustand, eine mentale oder körperliche Reaktion (wie zum Beispiel Ärger oder Furcht), die subjektiv ausgedrückt wird als starkes Gefühl und physiologisch zur Folge hat, daß der Körper für eine sofortige, kraftvolle Handlung vorbereitet wird."

Gefühle, die aus dem Herzen kommen: glücklich, bedrückt, erfreut, niedergeschlagen, freudig erregt, voller Bedauern, ärgerlich, traurig, erstaunt, aufgeregt, ängstlich, einsam, mitleidig. Gefühle sind auch Sinnesempfindungen wie z. B. Berührungen.

Hat Gott Gefühle?

„Doch nur deine Väter hat der Herr ins Herz geschlossen..."
5 Mose 10,15a

*ANMERKUNG: Das hier im Hebräischen verwendete Wort **chaschaq** bedeutet wörtlich: sich anklammern, sich in Liebe zu verbinden, entzückt sein über jemanden, eine Sehnsucht und Liebe für jemanden haben, etwas festmachen, ankleben*

„Der Zorn Gottes wird vom Himmel herab offenbart wider alle Gottlosigkeit und Ungerechtigkeit der Menschen, die die Wahrheit durch Ungerechtigkeit niederhalten. Denn was man von Gott erkennen kann, ist ihnen offenbar; Gott hat es ihnen offenbart."
Röm 1,18.19

„Wie könnte ich dich preisgeben, Efraim, wie dich aufgeben, Israel? Mein Herz wendet sich gegen mich, mein Mitleid lodert auf."
Hos 11,8

„Da weinte Jesus."
Joh 11,35

Gott, unser Vater, versteht unsere Gefühle, denn er hat auch Gefühle

„Der Herr, euer Gott, ist in eurer Mitte... Von ganzem Herzen freut er sich über euch... Ja, er jubelt, wenn er an euch denkt!" (Hoffnung für alle)
Zef 3,17

*ANMERKUNG: Das hebräische Wort für ‚jauchzen‘ heißt **gawal**; es bedeutet: sich im Kreis bewegen, ausgelassen sein... Können Sie sich Gott so vorstellen?!*

„Es reute den Herrn, daß er den Menschen auf der Erde gemacht hatte, und es bekümmerte ihn in sein Herz hinein." (Rev. Elberfelder Bibel)
1 Mose 6,6

*ANMERKUNG: Das hebräische Wort für ‚bekümmern‘, **atsab**, drückt Schmerz, Ärger, Unwillen, Leid aus.*

„Wer Gewalttat liebt, den haßt er aus tiefster Seele."
Ps 11,5b

„Sie erbitterten ihn mit ihrem Kult auf den Höhen und reizten seine Eifersucht mit ihren Götzen."
Ps 78,58

Gott drückt seine Gefühle in gerechtem Handeln aus

„Oftmals ließ er ab von seinem Zorn und unterdrückte seinen Groll. Denn er dachte daran, daß sie nichts sind als Fleisch, nur ein Hauch, der vergeht und nicht wiederkehrt."
Ps 78,38b.39

„Ich will meinen glühenden Zorn nicht vollstrecken und Efraim nicht noch einmal vernichten. Denn ich bin Gott, nicht ein Mensch, der Heilige in deiner Mitte. Darum komme ich nicht in der Hitze des Zorns."
Hos 11,9

Gott versteht unsere Gefühle

„Doch er gehört nicht zu denen, die unsere Schwächen nicht verstehen und zu keinem Mitleiden fähig sind. Jesus Christus mußte mit denselben Versuchungen kämpfen wie wir, auch wenn er nie gesündigt hat."
(Hoffnung für alle)
Hebr 4,15

„Er war verachtet und von den Menschen verlassen, ein Mann der Schmerzen und mit Leiden vertraut..." (Rev. Elberfelder Bibel)
Jes 53,3a

„Wie ein Vater sich seiner Kinder erbarmt, so erbarmt sich der Herr über alle, die ihn fürchten."
Ps 103,13

*ANMERKUNG: Das hebräische Wort für ‚sich erbarmen‘, **racham**, bedeutet sinngemäß: lieben; fühlen, wie jemand anders fühlt.*

Wir können mit Gott über unsere Gefühle reden

„O mein Leib, mein Leib! Ich winde mich vor Schmerz. O meines Herzens Wände! Mein Herz tobt in mir; ich kann nicht schweigen."
Jer 4,19

„An dem Tag, da ich mich fürchten muß, setze ich auf dich mein Vertrauen."
Ps 56,4

„...ich schreie, ich rufe zu Gott, bis er mich hört. Am Tag meiner Not suche ich den Herrn; unablässig erhebe ich nachts meine Hände, meine Seele läßt sich nicht trösten."
Ps 77,2.3

„Wende dich mir zu und sei mir gnädig; denn ich bin einsam und gebeugt. Befrei mein Herz von der Angst, führe mich heraus aus der Bedrängnis! Sieh meine Not und Plage an..."
Ps 25,16-18a

ANMERKUNG: Lesen Sie Psalm 109 als Beispiel dafür, mit welchen Gefühlen David zu Gott kam und sie ihm ausdrückte.

„Da hast du mein Klagen in Tanzen verwandelt, hast mir das Trauergewand ausgezogen und mich mit Freude umgürtet. Darum singt dir mein Herz und will nicht verstummen. Herr, mein Gott, ich will dir danken in Ewigkeit."
Ps 30,12.13

V-7

Wie sollen wir mit unseren Gefühlen umgehen?

„Da habe ich zu euch gesagt: Ihr dürft nicht vor ihnen zurückweichen (erschrecken) und dürft euch nicht vor ihnen fürchten. Der Herr, euer Gott, der euch vorangeht, wird für euch kämpfen, genau so, wie er vor euren Augen in Ägypten auf eurer Seite gekämpft hat."
5 Mose 1,29.30

„Seht zu, daß niemand die Gnade Gottes verscherzt, daß keine bittere Wurzel wächst und Schaden stiftet und durch sie alle vergiftet werden."
Hebr 12,15

„Denn wenn ihr den Menschen ihre Verfehlungen vergebt, dann wird euer himmlischer Vater auch euch vergeben. Wenn ihr aber den Menschen nicht vergebt, dann wird euch euer Vater eure Verfehlungen auch nicht vergeben."
Mt 6,14.15

„Laßt euch durch den Zorn nicht zur Sünde hinreißen! Die Sonne soll über eurem Zorn nicht untergehen. Gebt dem Teufel keinen Raum!"
Eph 4,26.27

SCHÖPFUNGSTHEMA: Wie kommen wir zur Kleidung?

Kleidung in biblischen Zeiten

„Da gingen beiden die Augen auf, und sie erkannten, daß sie nackt waren. Sie hefteten Feigenblätter zusammen und machten sich einen Schurz."
1 Mose 3,7

„Gott, der Herr, machte Adam und seiner Frau Röcke aus Fellen und bekleidete sie damit."
1 Mose 3,21

„Sie zogen in Schafspelzen und Ziegenfellen umher..."
Hebr 11,37b

„Johannes trug ein Gewand aus Kamelhaaren und einen ledernen Gürtel um seine Hüften."
Mk 1,6a

„Mit diesen Worten zog er seinen Siegelring vom Finger und steckte ihn Josef an. Dann ließ er ihn in feinstes Leinen kleiden..." (Gute Nachricht)
1 Mose 41,42

„Jakob zerriß seine Kleider und legte Sacktuch um seine Hüften, und er trauerte um seinen Sohn viele Tage." (Rev. Elberfelder Bibel)
1 Mose 37,34

Der Herr spricht zu Jerusalem: „Ich zog dir ein buntes, kostbares Kleid und Sandalen aus bestem Leder an. Du bekamst von mir ein Stirnband aus feinem Leinen und einen seidenen Umhang." (Hoffnung für alle)
Hes 16,10

„Ihr trinkt die Milch, nehmt die Wolle für eure Kleidung und schlachtet die fetten Tiere; aber die Herde führt ihr nicht auf die Weide."
Hes 34,3

Die Symbolkraft bestimmter Kleider oder Stoffe

Gerechtigkeit/Sünde. „Der Engel wandte sich an seine Diener und befahl: Zieht ihm die schmutzigen Kleider aus! Zu ihm aber sagte er: Hiermit nehme ich deine Schuld von dir und bekleide dich mit festlichen Gewändern."
Sach 3,4

Buße. „Menschen und Vieh sollen mit Sacktuch bedeckt sein und sollen mit aller Kraft zu Gott rufen; und sie sollen umkehren, jeder von seinem bösen Weg und von der Gewalttat, die an seinen Händen ist."
(Rev. Elberfelder Bibel)
Jon 3,8

Reinheit. „Mach ihnen Beinkleider aus Leinen, damit sie ihre Scham bedecken; von den Hüften bis zu den Schenkeln sollen sie reichen. Aaron und seine Söhne sollen sie tragen, wenn sie zum Offenbarungszelt kommen oder sich dem Altar nähern, um den Dienst am Heiligtum zu verrichten; so werden sie keine Schuld auf sich laden und nicht sterben."
2 Mose 28,42.43

Königswürde. „Als Mordechai den König verließ, trug er ein königliches Gewand aus violettem Purpur und weißem Leinen, eine große goldene Krone und einen Mantel aus kostbarem Leinen und rotem Purpur..."
Est 8,15

Würde. „Aarons Söhne erhalten Gewänder, Gürtel und Turbane, damit sie würdevoll und schön aussehen." (Hoffnung für alle)
2 Mose 28,40

Autorität. „Eliah nahm seinen Mantel, rollte ihn zusammen und schlug mit ihm auf das Wasser. Dieses teilte sich nach beiden Seiten, und sie schritten trockenen Fußes hindurch."
2 Kön 2,8

WEITERE THEMENVORSCHLÄGE

- Flachs
- Leinen
- Wolle
- Baumwolle
- Leder
- Seide
- Textilien
- Weben

Gott, unser Vater, versteht unsere Gefühle, denn er hat auch Gefühle

V-7

**BIBELTHEMA:
Die Josefsgeschichte**

Das Leben Josefs ist ein wunderbares Beispiel für einen Menschen, der Gott in schwierigen Situationen vertraute. Sein Leben war voller Tragödien, Sorgen und Ungerechtigkeit. Und doch hatte Josef offensichtlich begriffen, daß Gott seine Gefühle versteht. Auf Ungerechtigkeit reagierte er nicht mit Bitterkeit, weil er Gott vertraute. Zuletzt erlebte Josef die große Freude, eine Schlüsselperson für das Überleben und das weitere Schicksal von Gottes Volk zu sein.

ZIELE

- Die Kinder lernen die biblische Geschichte von Josef kennen.
- Ihnen soll deutlich werden, daß Gott Josefs Gefühle verstanden und ihm in sehr schwierigen Umständen geholfen hat.

MATERIAL

- Bibel: 1 Mose 37-50
- Anschauungsmaterial zur Geschichte

1. EINHEIT

Josefs Traum führt dazu, daß er in die Sklaverei verkauft wird

Josefs Geschichte bis zu seiner Ankunft in Ägypten erzählen. Wichtig ist es, dabei die verschiedenen Gefühle herauszustellen, die Josefs Beziehung zu seinem Vater und seinen Brüdern prägten: Jakob liebte Josef besonders; die Brüder haßten ihn; Josef war glücklich über sein schönes neues Gewand; seine Brüder waren neidisch; er wurde in einen Brunnen geworfen und an Händler verkauft – er hat sich wahrscheinlich gefürchtet. Frage: „Hat Gott, unser Vater, diese Gefühle verstanden?"

2. EINHEIT

Josef arbeitet hart, aber er landet im Gefängnis

Die Kinder hören, wie Josef für Potifar arbeitet, Lügen über ihn erzählt werden und er ins Gefängnis geworfen wird. Sie verstehen, daß Josef den Ärger über diese Menschen in seinem Herzen hätte festhalten können. Stattdessen hat er Gott in jeder Situation vertraut.

3. EINHEIT

Josef rettet Ägypten vor dem Verhungern

Die Kinder erfahren, wie Gott Josef Weisheit schenkte, um dem Pharao bei einem Problem zu helfen. Dadurch erhielt er große Gunst beim Pharao und Vollmacht in ganz Ägypten, Getreide für die kommende Hungersnot zu lagern. So verhalf er den Menschen zu Nahrung, als es nur sehr wenig im Lande gab.

4. EINHEIT

Josef trifft seine Brüder

Hier hören die Kinder, wie Josefs Traum Wirklichkeit wurde, als seine Brüder in Ägypten ankamen, um Getreide zu kaufen. Auf einfache Art und Weise wird erklärt, warum Josef (bevor er sich zu erkennen gab) sicher sein wollte, daß seine Brüder nicht weiter gemein zu seinem Vater und zu seinem jüngeren Bruder waren. Der Schwerpunkt aber liegt darauf, daß Josef ihnen von Herzen vergeben hatte. Man kann erwähnen, wie Josef weinte und weinte, als er ihnen gesagt hatte, wer er war. Die Frage, wie sich Gott, unser Vater, gefühlt hat, als Josef seinen Brüdern vergab, mag einen wichtigen Aspekt von Buße aufzeigen.

5. EINHEIT

Josef trifft seinen Vater wieder

Hier sollen die Kinder darüber nachdenken, was Josefs Vater über Jahre hinweg empfunden haben muß, als er dachte, Josef sei tot. Die Geschichte von Josefs Wiedersehen mit seinem Vater wird erzählt – wie glücklich sie gewesen sein mußten, wieder zusammenzusein, da sie einander so lieb hatten. Hier können noch einmal alle Gefühle bedacht werden, die Josef in seinem Leben empfunden hat, und es kann nachdrücklich bekräftigt werden, daß Gott, unser Vater, all diese Gefühle versteht.

Gott, unser Vater, versteht unsere Gefühle, denn er hat auch Gefühle

V-7

GEBET: Wir dürfen Gott erzählen, wie wir uns fühlen

Wissenschaftler und Psychologen erkennen immer mehr, wie wichtig und gesund es für uns Menschen ist, mit jemandem über unsere Gefühle zu sprechen. Gott, unser Vater, wußte dies schon immer! Empfindungen sind von Gott gegeben. Auch wenn unsere Gefühle nicht immer auf dem basieren, was wahr ist, ermutigt uns Gott doch, sie ihm mitzuteilen. Er kann uns dann lehren, was daran wahr ist, so daß unsere Handlungen (und unser ganzes Leben) auf Wahrheit beruhen.

ZIELE

- Die Kinder sollen lernen, mit Gott, unserem Vater, über ihre Gefühle zu sprechen.
- Sie sollen die Gewißheit erhalten, daß Gott, unser Vater, uns versteht und uns helfen will.
- Sie erfahren, daß Gott, unser Vater, auch Gefühle hat.

MATERIAL

- wird nicht benötigt

ANMERKUNG FÜR DEN ERZIEHER:
Wenn Sie diese Einheiten behandeln, ist es wichtig, besonders auf die Gefühle der Kinder zu achten, die in dieser Zeit zum Ausdruck kommen: Ein kleines Mädchen weinte am Anfang einer Stunde; sie war mißverstanden worden und hatte sich darüber aufgeregt. Das war eine Gelegenheit für den Erzieher zu erklären, daß die Gefühle des Mädchens begründet waren und ihr Gottes Trost zu vermitteln. Es ist am besten, solche Situationen aufzugreifen und die Kinder da, wo sie gerade sind, abzuholen und auf den Vater hinzuweisen.

Gefühle mitteilen...
Als die Kinder einmal Gott gebetet hatten, mit seiner leisen Stimme zu ihnen zu reden, sagte ein Kind: „Jesus sagte mir, daß er in meinem Herzen sehr glücklich sei!"
Nancy Waite, Hawaii

1. EINHEIT

Gott versteht unsere Gefühle
Der Merkvers und seine Bedeutung kann hier mit den Kindern besprochen werden. Sie sollen wissen, daß jeder Mensch Gefühle hat und daß wir immer mit Gott, unserem Vater, über diese Gefühle sprechen können. Sie werden daran erinnert, daß Gott alles versteht.

2. EINHEIT

Was empfindet Gott, wenn wir traurig sind?
„Manchmal verlieren wir etwas für uns sehr Kostbares – einen Freund, ein Haustier, ein Lieblings-Spielzeug usw." Wie fühlen wir uns danach? Wir empfinden Schmerz und sind sehr traurig. Und was empfindet Gott, unser Vater? Auch er hat Freunde, die sich von ihm abwenden, und das macht ihn traurig. Falls ein

3. EINHEIT

Freut sich Gott, wenn wir uns freuen?
Ja! Er möchte so gerne seine Kinder segnen. Und er freut sich, wenn wir mit ihm über Dinge sprechen, die uns glücklich oder fröhlich machen. Jedes Kind bekommt Gelegenheit, Gott, unserem Vater, zu sagen, was es glücklich macht. Zum Abschluß kann der Merkvers wiederholt werden.

4. EINHEIT

Vergebung heilt unseren Zorn
Zu Beginn wird der Merkvers wiederholt. Danach kann man über Dinge sprechen, die uns ärgerlich machen (z. B. wenn wir belogen oder getäuscht werden) und die Kinder sollen erfahren, daß Gott über Sünde zornig ist, weil sie seine Schöpfung verletzt. Man kann auf einfache Art

5. EINHEIT

Mit Gott über all unsere Gefühle reden
Die in dieser Einheit behandelten Gefühle werden noch einmal kurz behandelt. Die Frage, welche Gefühle Gott versteht, führt zu der Erkenntnis, daß Gott alle Gefühle versteht. Anschließend werden die Kinder in eine Gebetszeit geführt, in der sie mit Gott über alle ihre Gefühle reden dürfen. Zum Schluß kann der Merkvers noch einmal wiederholt werden.

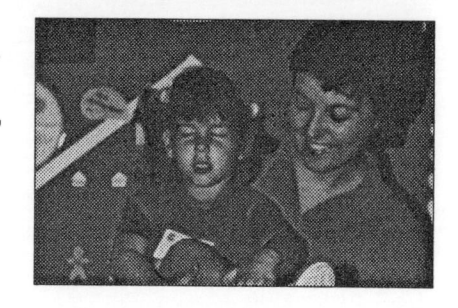

An dieser Stelle ist es hilfreich, ganz konkret vorzumachen, wie man mit Gott über seine Gefühle redet. Man kann auch anhand eines eigenen Erlebnisses schildern, wie man inmitten von starken Gefühlen wie Furcht, Ärger, Trauer oder großer Aufregung Hilfe erfahren hat.

Kind traurig ist, kann es davon erzählen, und andere Kinder können dafür beten, daß Gott es tröstet. Wenn ein Kind jemandem vergeben muß, der es verletzt hat, kann man um Gottes Hilfe dazu bitten. Die Erinnerung an den Merkvers könnte einen guten Abschluß bilden.

Buchtip: „Großvater und ich und die traurige Geschichte mit dem kleinen Kätzchen" von M. und B. Alex, Brunnen Verlag

und Weise erklären, daß Vergebung in solchen Situationen wichtig (hilfreich) ist, wo wir Zorn anderen gegenüber empfinden (nehmen Sie dazu Josef als Beispiel). Die Kinder brauchen vielleicht ein Vorbild, wie sie mit Gott, unserem Vater, über diese Gefühle sprechen und - wie Josef - auch den anderen vergeben können.

Gott, unser Vater, versteht unsere Gefühle, denn er hat auch Gefühle

V-7

BEZUG ZUM ALLTAG DES KINDES: Unsere Gefühle kennen- und verstehenlernen

Gott hat uns mit Empfindungen geschaffen – mit einem großen Spektrum an Gefühlen. Unsere Herausforderung ist es, mit ihnen umzugehen und richtig auf diese Emotionen zu reagieren. Es fängt damit an, Gefühle anzuerkennen und sie zu benennen, über gute und schlechte Reaktionen nachzudenken und dann zu handeln. Die Psychologen nennen diesen Prozeß „Fühlen-Denken-Handeln", im Gegensatz zum „Fühlen-Handeln"; letzteres ist die Basis für ungesundes Verhalten. Gott, unser Vater, hilft uns in diesem Prozeß, wenn wir ihm unsere Gefühle ausdrücken und ihn um Hilfe bitten.

ZIELE

- Den Kindern soll bewußt werden, daß ihre Gefühle begründet sind.
- Sie sollen lernen, ihre Gefühle zu erkennen.
- Sie erhalten Anleitung für den richtigen Umgang mit Gefühlen.

MATERIAL

- Strichzeichnungen zu FRÖHLICHKEIT, TRAURIGKEIT, ANGST und ZORN
- Bilder von Gesichtern, die diese Gefühle ausdrücken
- Papier

ANMERKUNG FÜR DEN ERZIEHER:
Die in diesen Einheiten behandelten Gefühle sind Freude, Trauer, Angst und Zorn. Wenn Sie darüber hinaus noch andere Gefühle behandeln wollen, ist es wichtig, dabei so klar und einfach wie möglich zu bleiben.

„F-f-f-fürchte dich nicht...!"
Unsere Kindergartenkinder lernten einen Vers zu jedem Buchstaben des Alphabets auswendig. Einer dieser Verse war: „Fürchte dich nicht, denn ich bin mit dir" (Jes 43,5). Eines Morgens erzählte die kleine Rachel in unserer Runde, daß sie in der Nacht Angst hatte. „Aber ich erinnerte mich an den `F-Vers`, und dann ging`s mir wieder gut!"
Kathleen Witte, M/V Anastasis

1. EINHEIT

Was sind Gefühle?
Zuerst werden die vier bekannten Gefühle traurig, glücklich, ängstlich und zornig benannt. Man zeigt den Kindern Bilder von verschiedenen Gesichtern, denen sie die entsprechenden Gefühle zuordnen und sie benennen. Im Gespräch kann den Kindern versichert werden, daß es gut ist, Gefühle zu haben und daß Gott, unser Vater, versteht, wie wir uns fühlen.

2. EINHEIT

Traurigkeit
Durch Rollenspiel kann eine traurige Situation vorgespielt werden (ungerechte Behandlung oder Verletzung, Abwesenheit eines vertrauten Menschen oder nur ein harter Tag). Das Rollenspiel endet damit, daß ein Spieler über seine Traurigkeit redet und Trost von einem anderen bekommt. Die Kinder sollen ermutigt werden, mit jemandem, dem sie vertrauen, zu reden, wenn sie traurig sind. Sie können evtl. auch darauf hingewiesen werden, daß sie jemand anders, der traurig oder verletzt ist, trösten können.

3. EINHEIT

Glücksgefühle – das Resultat von Gehorsam
Frage: Wie hast du dich gefühlt, als du deinen Eltern/Erziehern gehorcht hast? Und wie hast du dich gefühlt, als du einmal nicht gehorcht hast? Die Kinder lernen: die Freude kommt, wenn wir Gottes Wegen folgen. Frage: Welcher Weg ist besser? Die Kinder zählen einige der Wege Gottes auf, die uns Freude bringen (Gehorsam, Respekt etc.). Vielleicht möchten Sie abschließend Gott für die Freude und das Glück danken, das er gerne gibt.

4. EINHEIT

Zorn, das „brennende" Gefühl
Zorn wird definiert als ein „starkes, aggressives Gefühl gegenüber einer Person, das dieselbe bestrafen oder verletzen will". Die Kinder können Dinge aufzählen, die sie zornig machen. Gemeinsam werden richtige und falsche Reaktionen besprochen. Einige richtige Reaktionen auf Zorn können Sie demonstrieren. Die Kinder dürfen selbst richtige Reaktionen einüben.

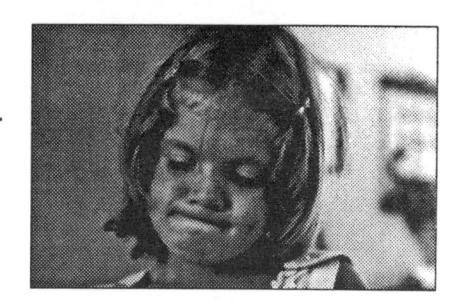

5. EINHEIT

Angst
Dies ist eines der bekanntesten Gefühle für kleine Kinder. Angst erkennen und benennen zu können ist ein riesiger Schritt, um sie zu überwinden. Angst wird definiert als „sich nicht sicher fühlen". Psalm 56,4 und Jesaja 43,5 werden vorgelesen: Die Kinder können Gott, unserem Vater, in diesen Situationen vertrauen, denn er ist bei uns. Dann werden einige Dinge aufgelistet, vor denen sie Angst hatten. Betonen Sie, daß Gott, unser Vater, sie in solchen Situationen versteht und bei ihnen ist. Gemeinsam werden richtige Reaktionen geübt, z. B.: „Gott, ich werde dir vertrauen!"

Gott, unser Vater, versteht unsere Gefühle, denn er hat auch Gefühle

V-7

SCHÖPFUNGSTHEMA: Wie kommen wir zur Kleidung?

Die biblische Geschichte von Josef ist voller Ereignisse. Das vielleicht bekannteste ist, als Josef von seinem Vater ein schönes Gewand geschenkt bekam. Dieses Ereignis wurde zum Wendepunkt seines Lebens und wirkte sich sehr auf seine Beziehungen in der Familie aus. Daran anknüpfend wird in dieser Lehreinheit das Thema Kleidung behandelt und die Materialien, aus denen sie hergestellt werden. Es bedarf einige Tage der Vorbereitung für diese Lehreinheit... aber es lohnt sich!

ZIELE

- Die Kinder sollen sich an Gott als unseren Schöpfer erinnern.
- Sie lernen den Entstehungsprozeß von Stoffen und Textilien von der Rohfaser an kennen.
- Sie lernen, welche Kleidung zu welchem Wetter und Klima paßt.

MATERIAL

- Schöpfungsgeschichte
- Rohfasern/Materialien aus Ihrer Region, die zur Herstellung von Kleidung dienen: Flachs, Wolle etc.
- Bilder von Tieren, deren Felle für Kleidung genutzt werden: Schafe, Kühe, Seidenraupe etc.
- Naturfasern und -materialien
- Bilder vom Herstellungsprozeß
- Kinderkleidung in allen Farben
- Bilder: Kleidung aus verschiedenen Klimazonen
- Kleidung zum „Anziehen-Üben"
- Für die Freispielzeit: – Mehrere Textilstücke aus unterschiedlichen Fasern, wobei jeweils zwei gleiche Stücke von den Kindern zusammengeordnet werden sollen
- Web- oder Nähangebot (grobes Gewebe, schwerer Stoff („Sackkleidung"), große Nadeln, Strickgarn

ANMERKUNG FÜR DEN ERZIEHER:
Diese Lehreinheit behandelt Stoffe aus Naturfasern. Synthetische Fasern sind ausgeschlossen aufgrund ihrer komplexen Herstellung. Wenn Interesse besteht, können Sie diese „vom Menschen" hergestellten Materialien und ihren Stellenwert in Verbindung mit Naturfasern (Baumwolle, Wolle, Leinen etc) mit einbeziehen.

1. EINHEIT

Rohstoffe, aus denen Kleidung hergestellt wird
Die Schöpfungsgeschichte wird vorgelesen und der 4. und 6. Tag besonders hervorgehoben; da hat Gott Pflanzen und Tiere geschaffen. Die Kinder schauen Pflanzen an, die Material für Kleidung liefern; sie sehen Bilder von Schafen, Kühen, Seidenraupen, Kaninchen – Tiere aus Ihrer Region, deren Felle oder Nebenprodukte für Kleidung genutzt werden.

2. EINHEIT

Von der Pflanze zum Stoff...
Hier können Sie verschiedene Pflanzen vorstellen (durch Bilder oder echte Pflanzen), die zur Herstellung von Textilien benutzt werden, wie z. B. Flachs. Mit Hilfe von Bildern kann ganz einfach erklärt werden, wie aus der Pflanze Textilien hergestellt werden. Auch fertige Textilien dienen zum Kennenlernen und Anfassen (an der Haut reiben!). Man kann sich auch über die unterschiedlichen Farben und Muster von Stoffen unterhalten.

3. EINHEIT

Vom Tier zum Stoff...
Beschaffen Sie Materialien wie Rohwolle und Leder, die die Kinder anschauen, fühlen, reiben und untersuchen können. Auf einfache Weise erklären, wie aus Tierfellen oder Nebenprodukten Material für Kleidung gemacht wird. Die Kinder dürfen auch die fertigen Produkte untersuchen. Man kann auf die unterschiedlichen Farben und Muster des Endproduktes hinweisen.

4. EINHEIT

Kleidung für verschiedene Klimazonen
Man spricht mit den Kindern über warmes und kaltes Wetter und über ihre „Wettererlebnisse". Zeigen Sie verschiedene Kleidungsstücke, die für warmes oder kaltes Klima bestimmt sind. Die Kinder überlegen, welche Kleidung für welches Wetter und Klima am besten geeignet ist. Es kann sehr lustig werden, wenn sich die Kinder vorstellen, in Badekleidung im Schnee zu spielen! Zum Abschluß wird betont, daß Gott die notwendigen Rohstoffe für Kleidung für jedes Klima geschaffen hat.

5. EINHEIT

Sich anziehen
Bezugspunkt ist Josefs buntes Gewand. Die Kinder dürfen ein buntes Kleidungsstück anprobieren. Es wird mit den Kindern überlegt, welche Kleidung zu welchen Anlässen getragen wird, z. B. zum Spielen, um in die Kirche, Schule oder in den Kindergarten zu gehen, zum Baden etc... Die Kinder dürfen auch andere Kleidungsstücke über ihre eigenen ziehen. Dabei können sie knöpfen, Reißverschlüsse und Druckknöpfe schließen, knoten und Schleifen binden üben!

Gott, unser Vater, überfordert uns nicht

V-8

„Bitte, Herr... das ist einfach zu schwer für mich...!" Wie oft sprechen wir so, und wieviel häufiger denken wir so im Stillen?

Gott ist sowohl gerecht als auch gnädig und barmherzig. Alles, was er von uns erwartet, ist gut und angemessen. Er würde niemals von uns etwas erwarten, was zu schwer für uns wäre. Auch bietet er uns seine Hilfe an für die Aufgaben, die er uns gestellt hat. Wenn sie sehr schwierig erscheinen, ist das kein Grund, in Panik zu geraten. Stattdessen empfiehlt es sich, nach seiner Hilfe Ausschau zu halten.

Gott, unser Vater, überfordert uns nicht

V-8

NOTIZEN

MERKVERS

„Alles vermag ich durch ihn, der mir Kraft gibt."
Phil 4,13

LIED ZUM THEMA

Gott, unser Vater, überfordert uns nicht

V-8

BIBELTHEMA: Mose führt das Volk aus Ägypten

GEBET: Lobpreis und Anbetung

BEZUG ZUM ALLTAG DES KINDES: Gott, unser Vater, hilft uns, seinen Befehlen zu folgen

SCHÖPFUNGSTHEMA: Insekten

IDEEN FÜR DIE PINNWAND

Spinnennetz aus Garn spannen. Die Spinne kann man aus einem schwarz angemalten Teil eines Eierkartons herstellen. Pfeifenputzer ergeben wunderbare Beine. Insekten werden aus schwarzem Papier (mit nur 6 Beinen) gefertigt.

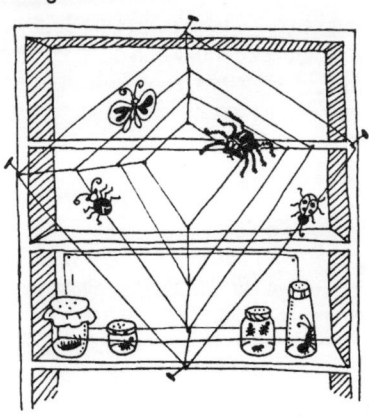

Die Körperteile eines Insekts werden beschriftet.

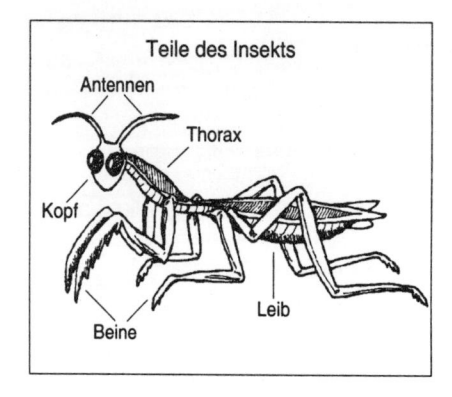

Teile des Insekts: Antennen, Thorax, Kopf, Beine, Leib

BASTELIDEEN ZUM SCHÖPFUNGSTHEMA

Käferflügel
Die Kinder malen die Flügel eines bestimmten Insekts z. B. mit schwarzen und roten Punkten oder Streifen. Befestigen Sie die Flügel mit Sicherheitsnadeln auf dem Rücken der Kinder, und setzen Sie ihnen selbstgemachte Antennen auf den Kopf.

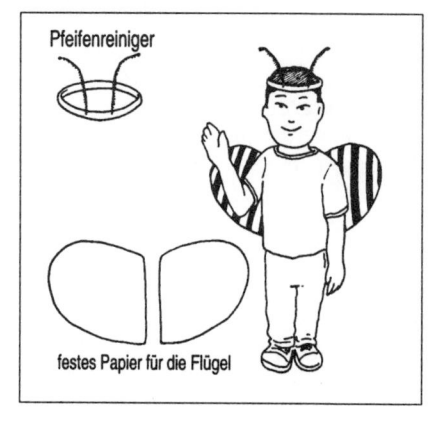

Pfeifenreiniger / festes Papier für die Flügel

Marienkäfer
Einen roten Kreis in der Mitte durchschneiden und schwarze Punkte aufkleben. Dann klebt man bewegliche Augen auf ein Stück schwarzes Papier und klebt das Ganze auf einen Pappteller. Die Flügel werden mittels Musterklammern am „Körper" (Pappteller) befestigt, und Pfeifenputzer dienen als Fühler.

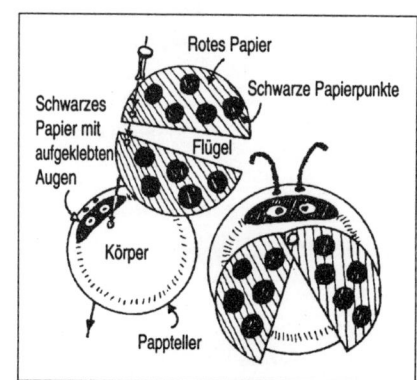

Rotes Papier, Schwarze Papierpunkte, Schwarzes Papier mit aufgeklebten Augen, Flügel, Körper, Pappteller

ANREGUNG FÜR DIE ELTERN

Wie wäre es, Lobpreislieder als Hintergrundmusik bei Ihrer Hausarbeit laufen zu lassen? Könnten Sie sich vorstellen, Haushaltsgegenstände kurzfristig in Musikinstrumente für Sie und ihr Kind umzufunktionieren?

(Ein Tip: Stifte und leere, runde Dosen geben eine gute Trommel her; fest geschlossene Behälter mit Reis sind gute Rhythmusinstrumente.)

PERSÖNLICHES BIBELSTUDIUM

BIBELTHEMA

Biblische Schlüsselstelle: *2 Mose 1-15*

Was Gott, unser Vater, von uns erwartet, ist nicht zu schwer
„Dieses Gebot, auf das ich dich heute verpflichte, geht nicht über deine Kraft und ist nicht fern von dir. Es ist nicht im Himmel, so daß du sagen müßtest: Wer steigt für uns in den Himmel hinauf, holt es herunter und verkündet es uns, damit wir es halten können? Es ist auch nicht jenseits des Meeres, so daß du sagen müßtest: Wer fährt für uns über das Meer, holt es herüber und verkündet es uns...? Nein, das Wort ist ganz nah bei dir, es ist in deinem Mund und in deinem Herzen, du kannst es halten."
5 Mose 30,11-14

Gott, unser Vater, ist sowohl gerecht als auch gnädig und barmherzig

Extrakt der Definition von „Gottes Gerechtigkeit": Sie ist das Eingreifen des lebendigen Gottes in seine entfremdete Schöpfung als Gesetzgeber, als Richter und als Leiter seines Volkes, um seine Bundestreue und Wahrhaftigkeit zu erweisen, um seine Verheißungen zu erfüllen und sein Heil zu wirken. Die Gerechtigkeit Gottes wurde mit seinem Heil, seiner Gnade, Treue, Barmherzigkeit usw. gleichgesetzt.

„Der Herr ist gerecht in seinem Handeln und gütig in allen seinen Taten." (Gute Nachricht)
Ps 145,17

„Preist die Größe unseres Gottes! Er heißt: Der Fels. Vollkommen ist, was er tut; denn alle seine Wege sind recht. Er ist ein unbeirrbar treuer Gott, er ist gerecht und gerade."
5 Mose 32,3b.4

„Der Herr ist gerecht, er liebt gerechte Taten; wer rechtschaffen ist, darf sein Angesicht schauen."
Ps 11,7

Gott, unser Vater, überfordert uns nicht

Einige schwierige Dinge, die Gott von uns erwartet. (Die folgenden Punkte beziehen sich direkt auf die Einheiten in „Bezug zum Alltag des Kindes".)

Gehorchen. „Gehorcht euren Vorstehern, und ordnet euch ihnen unter..."
Hebr 13,17a

Vergeben. „Ertragt einander! Seid nicht nachtragend, wenn euch jemand Unrecht getan hat, sondern vergebt einander, so wie der Herr euch vergeben hat." (Gute Nachricht)
Kol 3,13

An andere denken. „Tut nichts aus Ehrgeiz und nichts aus Prahlerei. Sondern in Demut schätze einer den andern höher ein als sich selbst. Jeder achte nicht nur auf das eigene Wohl, sondern auch auf das der anderen."
Phil 2,3.4

Das Unterschiedlichsein anderer annehmen. „Meine Brüder, haltet den Glauben an unseren Herrn Jesus Christus, den Herrn der Herrlichkeit, frei von jedem Ansehen der Person."
Jak 2,1

Sich selbst beherrschen. „Bleibt besonnen und wachsam! Denn der Teufel, euer Todfeind, schleicht wie ein hungriger Löwe um euch herum. Er wartet nur auf ein Opfer, das er verschlingen kann. Stark und fest im Glauben sollt ihr seine Angriffe abwehren." (Hoffnung für alle)
1 Petr 5,8.9a

Gott ist mit uns und hilft uns zu tun, was er von uns erwartet
„Mose sagte zum Herrn: Aber bitte, Herr, ich bin keiner, der gut reden kann, weder gestern noch vorgestern, noch seitdem du mit deinem Knecht sprichst. Mein Mund und meine Zunge sind nämlich schwerfällig. Der Herr entgegnete ihm: Wer hat dem Menschen den Mund gegeben, und wer macht taub oder stumm, sehend oder blind? Doch wohl ich, der Herr! Geh also! Ich bin mit deinem Mund und weise dich an, was du reden sollst."
2 Mose 4,10-12

Gott gibt uns Gnade zu tun, was er von uns erwartet

„Verlaß dich ganz auf meine Gnade. Denn gerade wenn du schwach bist, kann sich meine Kraft an dir besonders zeigen." (Hoffnung für alle)
2 Kor 12,9a

„Gott aber vermag auf euch jede Gnade überreichlich zu geben, damit ihr in allem allezeit alle Genüge habt und überreich seid zu jedem guten Werk." (Rev. Elberfelder Bibel)
2 Kor 9,8

*ANMERKUNG: Glauben Sie **wirklich**, was dieser Vers sagt? **Alle** Gnade, in **allen** Dingen, zu **jeder** Zeit, **alles** Nötige, zu **jedem** guten Werk... ist dabei irgend etwas ausgelassen?!*

Gott gibt uns Kraft, das zu tun, was er von uns erwartet

„Ich werde allen sagen, wie treu du bist; den ganzen Tag will ich erzählen, wie du hilfst - deine Wohltaten sind nicht zu zählen." (Gute Nachricht)
Ps 71,15

„Er gibt dem Müden Kraft, dem Kraftlosen verleiht er große Stärke. Die Jungen werde müde und matt, junge Männer stolpern und stürzen. Die aber, die dem Herrn vertrauen, schöpfen neue Kraft."
Jes 40,29-31a

Gott gibt uns den Heiligen Geist, der uns bei allem hilft

„Ihr werdet den Heiligen Geist empfangen und durch seine Kraft meine Zeugen sein in Jerusalem und Judäa... und auf der ganzen Erde." (Hoffnung für alle)
Apg 1,8

„Ihr sollt begreifen, wie überwältigend groß die Kraft ist, mit der er an uns, den Glaubenden, wirkt. Es ist dieselbe gewaltige Kraft, mit der er an Christus gewirkt hat, als er ihn vom Tod auferweckte und in der himmlischen Welt an seine rechte Seite setzte." (Gute Nachricht)
Eph 1,19.20

V-8

Gott rüstet uns aus zu tun, was er von uns erwartet

„Darum legt die Rüstung Gottes an, damit ihr am Tag des Unheils standhalten, alles vollbringen und den Kampf bestehen könnt."
Eph 6,13

„Ich bin voll Dank gegenüber Jesus Christus, unserem Herrn, der mir für meinen Auftrag die Kraft gegeben hat. Denn er hat mich für vertrauenswürdig erachtet und in seinen Dienst genommen." (Gute Nachricht)
1 Tim 1,12

SCHÖPFUNGSTHEMA: Insekten

Insekten sind von Gott geschaffen
„Gott machte alle Arten von Tieren des Feldes, alle Arten von Vieh und alle Arten von Kriechtieren auf dem Erdboden. Gott sah, daß es gut war."
1 Mose 1,25

Gott bewahrte auch Insekten während der Sintflut
„Von jeder Tierart sollst du ein Paar in die Arche bringen, damit sie am Leben bleiben, alle Arten von Landtieren und Vögeln." (Gute Nachricht)
1 Mose 6,20

Einige Insekten sind eßbar
„Ihr dürft die verschiedenen Arten der Wanderheuschrecke, der Solam-, der Hargol- und der Hagab-Heuschrecke essen."
3 Mose 11,22

„Johannes... lebte von Heuschrecken und wildem Honig."
Mk 1,6

...und andere Insekten darf man nicht essen
„Alle Kleintiere mit Flügeln und vier Füßen seien euch abscheulich."
(Anmerkung: Mit Ausnahme der oben erwähnten, die Springbeine haben, um damit auf dem Boden zu hüpfen.)
3 Mose 11,20

Gott hat Insekten benutzt, um zu Menschen zu sprechen

Fliegen. „Wenn du mein Volk nicht ziehen läßt, siehe, so werde ich die Stechfliegen ziehen lassen über dich, deine Hofbeamten, dein Volk und deine Häuser. Und die Häuser der Ägypter werden voll von Stechfliegen sein, ja sogar der Erdboden, auf dem sie stehen." (Rev. Elberfelder Bibel)
2 Mose 8,17

Heuschrecken. „Als es Morgen wurde, hatte der Ostwind die Heuschrecken ins Land gebracht. Sie fielen über ganz Ägypten her und ließen sich in Schwärmen auf dem Gebiet von Ägypten nieder. Niemals vorher gab es so viele Heuschrecken wie damals, auch wird es nie wieder so viele geben."
2 Mose 10,13b.14

Hornissen. „Auch werde ich Angst (oder: Hornissen) vor dir hersenden, damit sie die Hewiter, Kanaaniter und Hetiter vor dir vertreibt." (Rev. Elberfelder Bibel)
2 Mose 23,28

Ameisen. „Geh zur Ameise, du Fauler, betrachte ihr Verhalten, und werde weise! Sie hat keinen Meister, keinen Aufseher und Gebieter, und doch sorgt sie im Sommer für Futter, sammelt sich zur Erntezeit Vorrat."
Spr 6,6-8

Insekten können Arbeit und Mühe zunichte machen (als eine Folge von Sünde)
„Viel Saatgut trägst du aufs Feld, aber du erntest wenig. Das andere hat die Heuschrecke gefressen. Alle deine Bäume und Feldfrüchte nimmt das Ungeziefer in Besitz."
5 Mose 28,38.42

Gott behebt den Schaden, den Insekten angerichtet haben (als Reaktion auf Buße)
„Ich ersetze euch die Ernten, die von der Wanderheuschrecke und der Larve, vom Nager und vom Grashüpfer gefressen wurden, von meinem großen Heer, das ich gegen euch sandte. Ihr werdet essen und satt werden und den Namen des Herrn, eures Gottes, preisen, der für euch solche Wunder getan hat. Mein Volk braucht sich nie mehr zu schämen."
Joel 2,25.26

Menschen wie Insekten!
Winzig. „Er (der Herr) ist es, der über dem Erdenrund thront; wie Heuschrecken sind ihre Bewohner."
Jes 40,22a

Zu viele, um sie zählen zu können. „Sie (die Feinde) zogen mit ihren Herden und Zelten heran und kamen so zahlreich wie die Heuschrecken herbei. Zahllos waren sie selbst und auch ihre Kamele."
Ri 6,5

Unbedeutend. David zu Saul: „Hinter wem zieht der König von Israel her? Wem jagst du nach? Einem toten Hund, einem einzigen Floh!"
1 Sam 24,15

Fruchtbar. „Werde zahlreich wie die Heuschrecken, zahlreich wie die Wanderheuschrecken! Du hast deine Händler zahlreicher gemacht als die Sterne am Himmel."
Nah 3,15b.16a

Verzehrend. „... wird dich fressen wie ein Heuschreckenschwarm. Deine Wächter sind wie Wanderheuschrecken, deine Beamten wie ein Schwarm von Heuschrecken..."
Nah 3,15a.17a

WEITERE THEMENVORSCHLÄGE

- Gliederfüßler
- Insekten
- wirtschaftliche Bedeutung der Insekten
- zerstörerischer Einfluß der Insekten
- der Insektenkörper
- Fähigkeiten der Insekten
- Lebenszyklus der Insekten

Gott, unser Vater, überfordert uns nicht

V-8

BIBELTHEMA: Mose führt das Volk aus Ägypten

„Ich sende dich zu Pharao, um mein Volk, die Israeliten, aus Ägypten herauszuführen." Das waren die erstaunlichen Worte, die Mose vom Herrn vernahm. Wir können uns mit Moses Ausreden und seinem Zögern identifizieren, seine „guten" Gründe verstehen, daß er sich selbst im Hinblick auf diese Aufgabe für eine schlechte Wahl hielt. Gott aber versprach, mit ihm zu sein und Israel aus der Hand Ägyptens zu befreien. Gottes Plan war es, schwere Plagen über Ägypten zu verhängen, bis der Pharao die Israeliten ziehen lassen würde.

ZIELE

- Die Kinder lernen den biblischen Bericht darüber kennen, wie Mose das Volk Israel aus Ägypten führte.
- Sie sollen erkennen, daß Gott Mose nicht eine so große Aufgabe übertrug, ohne ihm auch zu helfen, sie auszuführen.

MATERIAL

- Bibel: 2 Mose 1-15
- Hilfsmittel, die die Geschichte von Mose in Ägypten darstellen.
- Bilder von den 10 Plagen, mit denen Ägypten geschlagen wurde.

ANMERKUNG: Beschränken Sie sich bei der Beschreibung der Plagen auf ein Minimum. Es gibt viele Aspekte in dieser Geschichte; aber den größten Eindruck auf die Kinder sollte die Tatsache machen, daß Gott Mose half, etwas zu tun, von dem Mose dachte, daß es zu schwer für ihn sei.

1. EINHEIT

Gott spricht aus dem Dornbusch
Die Geschichte von Moses ungewöhnlicher Begegnung mit Gott in der Wüste erzählen. Es ist wichtig zu betonen, daß Gott Mose zwar eine schwierige Aufgabe gab, ihm aber verheißen hat, mit ihm zu sein und ihm zu helfen.

2. EINHEIT

Pharao wies Moses Bitte ab
Es wäre gut, zu Beginn kurz zu wiederholen, was Gott Mose zu tun befohlen hatte. Dann hören die Kinder, wie Gott mit Mose war, als dieser vor den Pharao trat, um für die leidenden Israeliten einzutreten. Sie hören weiterhin, wie der Pharao sich weigerte, das Volk ziehen zu lassen. Doch Mose glaubte, daß Gott nichts von ihm verlangen würde, was für ihn zu schwer wäre, sondern daß er mit ihm war und ihm half.

3. EINHEIT

Die Plagen trafen Ägypten
Hier erfahren die Kinder, wie Gott lästige und verheerende Plagen über Ägypten schickte, um seine Größe und Macht zu zeigen, aber auch, um Mose bei seiner Aufgabe zu helfen. Gehen Sie auf die ersten fünf Plagen ein.

4. EINHEIT

Die Plagen gingen weiter
Was geschah mit Ägypten, als der Pharao sich Moses Bitte widersetzte? Die Plagen kamen. Nun kann man von den restlichen Plagen und der Flucht aus Ägypten erzählen. Frage: War Mose in der Lage, Gottes speziellen Auftrag auszuführen? Ja! Denn Gott befähigte Mose und half ihm, das Volk aus Ägypten herauszuführen.

5. EINHEIT

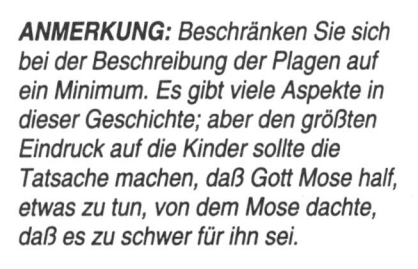

Wie Israel Gottes große Wunder sieht
Die Kinder hören, wie Gott die Israeliten bei Tag durch eine Wolkensäule und bei Nacht durch eine Feuersäule leitete. Im Gespräch mit den Kindern werden die schwierigen Umstände hervorgehoben, denen Mose am Roten Meer begegnete und die große Kraft, mit der Gott sein Volk wieder errettete. Ein Siegeslied zum Abschluß ist hier passend.

Gott, unser Vater, überfordert uns nicht

V-8

GEBET: Lobpreis und Anbetung

Gott, unser Vater, ist würdig, Lobpreis, Anbetung und tiefe Bewunderung von uns zu empfangen. Deshalb ruft er uns auf zu Lobpreis und Anbetung, auch in schwierigsten Zeiten. Gott befähigt uns dazu. Selbst Kinder können Gott anbeten, auch wenn wir Erwachsenen das oft anders sehen. Die folgenden Einheiten geben den Kindern eine Gelegenheit, Gott anzubeten und ihn als den zu loben, der er ist.

ZIELE

- Die Kinder lernen verschiedene Ausdrucksformen von Lobpreis und Anbetung kennen.
- Sie sollen Gelegenheit haben, Gott ihre Liebe auszudrücken.

MATERIAL

- Lieder des Lobpreises, der Dankbarkeit und der Anbetung
- Rhythmusinstrumente

ANMERKUNG FÜR DEN ERZIEHER: Es ist empfehlenswert, ein persönliches Bibelstudium zum Thema Lobpreis und Anbetung zu machen, damit Sie die Kinder sicher anleiten können.

1. EINHEIT

Gott loben

„Loben" bedeutet, jemandem und über jemanden nette Dinge zu sagen. Erinnern Sie sich mit den Kindern an gute Dinge, die Gott getan hat. Den Kindern wird es sicher gefallen, in Lobpreisliedern Gott (wenn möglich, mit Musikinstrumenten) ihre Freude auszudrücken.

2. EINHEIT

Gott danken

Es ist richtig, „danke" zu sagen, wenn jemand nett zu uns ist oder uns ein Geschenk gibt. Dankbarkeit gegen Gott bedeutet, Gott, unserem Vater, „danke" zu sagen. Den Kindern hilft es, wenn Sie beispielhaft vorangehen und erzählen, wofür Sie dankbar sind und es dann Gott, unserem Vater, auch ausdrücken. Die Kinder folgen ihrem Beispiel und danken Gott auch.

3. EINHEIT

Gott anbeten

Anbetung bedeutet, Gott, unserem Vater, unsere Liebe auszudrücken. Wir beten ihn nicht nur für das an, was er für uns tut oder uns gibt, sondern dafür, wie er *ist:* wunderbar, freundlich usw. Hierzu passen Lieder, die beschreiben, *wer* und *wie* Gott ist.

4. EINHEIT

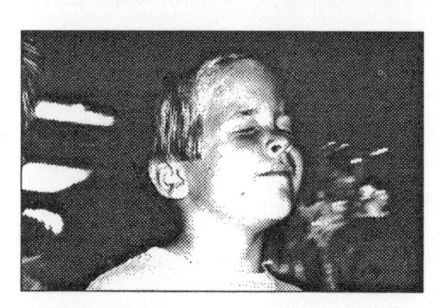

Auf Gott hören

Zuhören beinhaltet, still zu sein, wenn jemand anders spricht. Wichtig ist, daß die Atmosphäre zum stillen Hören einlädt. Geben Sie Zeit, auf das zu hören, was Gott Ihrer Gruppe sagen möchte. Vielleicht möchten einige Kinder erzählen, was sie von Gott gehört haben?

5. EINHEIT

Feiern!

Der Herr wird mit Lobpreis, Dank und Anbetung gefeiert, und wir hören auf ihn. Das kann mit Liedern, Tänzen, Rhythmusinstrumenten, Gebet, einer Zeit der Stille und einer beliebigen Kombination dieser Elemente geschehen. Genießen Sie das Zusammensein mit Gott, unserem Vater!

Gott, unser Vater, überfordert uns nicht

V-8

BEZUG ZUM ALLTAG DES KINDES: Gott, unser Vater, hilft uns, seinen Befehlen zu folgen

Gott erwartet nichts von uns, was wir mit seiner Hilfe nicht schaffen können. Er stellt keine zu hohen Anforderungen an uns, weil er ein gütiger Gott ist. Deshalb können wir die Anweisungen der Bibel befolgen, auch wenn einige Gebote so aussehen, als wären sie sehr schwer zu erfüllen. Gott gibt uns seine Gnade, seine Kraft, seine Macht, seinen Geist und die Befähigung, das auszuführen, was er uns befiehlt. Was hindert uns also, das zu tun, was er von uns erwartet?

ZIELE

- Die Kinder sollen sich an Gottes Gerechtigkeit erinnern: Er erwartet nichts Unmögliches von uns.
- Sie sollen verstehen, daß Gottes Forderungen angemessen und annehmbar sind.
- Sie sollen einige Mittel und Wege entdecken, wie Gott uns hilft zu tun, was er uns aufträgt.

MATERIAL

- Bilder, die Geschichten über Gehorsam, Vergebung, Toleranz, Teilen und Selbstbeherrschung illustrieren
- Puppen, die verschiedene Kulturen darstellen

1. EINHEIT

Gehorsam ist nicht zu schwer
Frage: Fordert Gott, unser Vater, von uns etwas, was wir nicht tun können? Nein! Anhand von Bildern kann eine einfache Geschichte erzählt werden, in der ein Kind die Wahl zwischen Gehorsam und Ungehorsam hat. Die Kinder sollen erkennen, daß Gehorsam nicht zu schwer ist.

Beispiel: Alex wollte mit seinem Freund Jakob draußen spielen. Seine Mutter forderte ihn auf, erst sein Spielzeug wegzuräumen, bevor er nach draußen ging. Jakob wartete; Alex wollte sein Spielzeug viel lieber später wegräumen, aber er ging doch in sein Zimmer und räumte alles auf. Er fühlte sich im Herzen glücklich, weil er gehorsam gewesen war.

2. EINHEIT

Vergebung ist nicht zu schwer
Mit Bildern können Sie eine Geschichte erzählen, in der Kinder sich dazu entscheiden zu vergeben, auch wenn es schwer für sie ist, und wie Gott ihnen dabei hilft.

Beispiel: Sarah und Hanna schaukelten gemeinsam, hoch und runter, hoch und runter. Plötzlich sprang Sarah von der Schaukel ab, und der heftige Gegenschwung schleuderte Hanna ebenfalls hinunter. Bei dem unerwarteten Aufprall tat sie sich weh und begann zu weinen. Sarah fühlte sich schuldig - sie hatte Hanna weh getan. Bald wandte sie sich ihrer Freundin zu und sagte: „Es tut mir leid, daß ich heruntergesprungen bin... kannst du mir vergeben?" Hanna hatte immer noch Schmerzen von ihrem Sturz. Aber sie wollte weiter Sarahs Freundin sein. „Ja, ich vergebe dir!" war Hannas Antwort. Sie umarmten sich und gingen weg, um miteinander zu spielen.

3. EINHEIT

Teilen mit anderen ist nicht zu schwer
Gott, unser Vater, würde uns nicht bitten, mit anderen zu teilen, wenn das zu schwer für uns wäre. Die Kinder spielen eine Situation nach, in der sie Spielsachen miteinander teilen müssen. Auf diese Weise können sie die richtigen Reaktionen für ihren Alltag einüben.

ANMERKUNG: Es ist notwendig, mit den Kindern abzusprechen, welche Dinge sie nicht verleihen oder mit anderen gemeinsam benutzen sollen und warum nicht.

4. EINHEIT

Andere annehmen, ist nicht zu schwer
Gott sagt uns in der Bibel, daß wir einander annehmen sollen, auch wenn wir verschiedenartig sind. Mit Handpuppen, die Menschen aus verschiedenen Kulturen darstellen, können Sie eine Geschichte erzählen, wie die Puppen lernten, miteinander auszukommen, auch wenn es anfangs schwierig war.

Wenn möglich, benutzen Sie für die Szene eine Fremdsprache, fremde Kleidung, fremde Sitten und zeigen Sie, wie die „einheimische" Puppe sich dazu entscheidet, auf den Neuankömmling in der Nachbarschaft freundlich zuzugehen.

5. EINHEIT

Selbstbeherrschung ist nicht zu schwer
Wenn Selbstbeherrschung für uns zu schwer wäre, würde Gott, unser Vater, sie nicht von uns erwarten. Aber er hat uns diese Anweisung in seinem Wort gegeben und hilft uns darum auch, uns selbst zu beherrschen. Sie können hier auch eine Geschichte aus Ihrer eigenen Erfahrung erzählen, wie Sie sich mit Gottes Hilfe dazu entschieden haben, sich selbst zu beherrschen (es kann sich dabei um Eßgewohnheiten, Ärger, Selbstdisziplin etc. handeln).

Gott, unser Vater, überfordert uns nicht

V-8

SCHÖPFUNGSTHEMA: Insekten

Drei der Plagen, die Gott in der Zeit des Mose über Ägypten brachte, waren Insekten: Mücken, Fliegen und Heuschrecken. Diese Einheiten sollen den Kindern ermöglichen, Eigenschaften und Vielfalt der Insekten zu untersuchen, wo sie leben, was sie fressen etc. Sie als Erzieher haben vielleicht für die geplanten Aktivitäten Ihre eigene Abneigung gegen Insekten zu überwinden. Dann wird es Ihnen gelingen, die Aufmerksamkeit der Kinder zu gewinnen, damit diese aus ihrer natürlichen Faszination für die kleinen Tiere Nutzen ziehen können.

ZIELE

- Die Kinder sollen sich an Gott als ihren Schöpfer erinnern.
- Sie lernen Insektenarten und ihre besonderen Eigenschaften kennen.
- Sie sollen entdecken, was Insekten von anderen „kleinen Lebewesen" unterscheidet.

MATERIAL

- Schöpfungsgeschichte
- Sammlung von Insekten aus Ihrer Region
- großes Bild oder Diagramm eines Insekts
- Bilder von verschiedenen Insekten
- Weltkarte

1. EINHEIT

Einführung: Insekten

Anhand von Bildern wird die Schöpfungsgeschichte erzählt. Die Kinder erfahren, daß Insekten am sechsten Tag geschaffen wurden, zusammen mit den großen Tieren und dem Menschen! Sie untersuchen die in der Umgebung gesammelten Insekten und erzählen ihre eigenen Erfahrungen mit Insekten.

Nach dieser Einheit zufällig mitgehört: Rebecca kam nach Hause und berichtete ihrer Mutter aufgeregt: „Frau Johanne hat uns gesagt, daß Insekten unsere Freunde sind, aber ich glaube ihr nicht... Niemand von meinen Freunden ist ein Insekt - Sarah nicht, Hugo nicht, Cathryn nicht...!"
Johanne Hooker, Hongkong

2. EINHEIT

Was macht ein Insekt zum Insekt?

Die Kinder dürfen ein großes Bild eines Insekts betrachten. Sie haben Zeit, genau zu beobachten: Es hat drei Körperteile, sechs Beine und manchmal zwei oder vier Flügel. Wieviele Beine sind auf dem Bild? Wie heißen die drei Körperabschnitte? (Kopf, Brustteil, Bauch). Die Kinder suchen und benennen diese Merkmale auch in anderen Bildern oder an anderen Insekten.

*Einige andere Ideen: 1) Bilder von verschiedenen Tieren werden an einer Filz- oder Magnetwand angebracht (einschließlich Insekten, Spinnen etc.). Die Kinder sollen all die Bilder wegnehmen, die **keine** Insekten darstellen. 2) Diskussion: Wie unterscheiden sich Insekten von Menschen? 3) Wenn möglich, nehmen Sie die Laute von Wespen oder Fliegen auf. Die Kinder hören auf die Laute und ordnen diese dann dem entsprechenden Insekt zu.*

3. EINHEIT

Insekten gibt es überall

Manche Insekten sind auf der ganzen Erde verbreitet, andere kommen nur in bestimmten Klimazonen vor. Z. B. leben große Schaben in den Tropen; Fliegen dagegen gibt es überall! Anhand einer Weltkarte kann die Heimat bestimmter Insektenarten gezeigt werden. Wenn möglich, veranstalten Sie eine „Insektenjagd" und bringen die gefangenen Tiere in einem Glas in die Gruppe, um sie näher zu untersuchen.

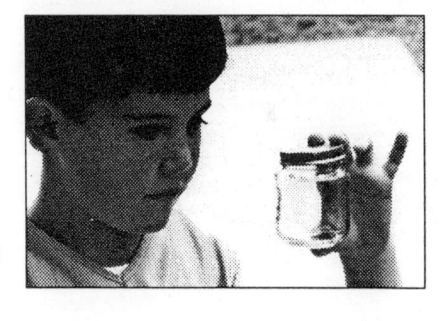

4. EINHEIT

Die faszinierenden Merkmale verschiedener Insektenarten

Es ist gut, zu Beginn unseren Schöpfer zu loben, der viele, viele verschiedene Arten von Insekten geschaffen hat (fast 1 000 000), jede Art mit besonderen Merkmalen. Gemeinsam kann die Fortbewegungsart der Insekten nachgeahmt (hüpfen, kriechen, fliegen) und untersucht werden, welche Körperteile bei diesen Bewegungen beteiligt sind (Beine, Flügel, Gelenke). Zusätzlich können Besonderheiten aus eigenen Untersuchungen vorgestellt werden, z. B. das Facettenauge der Fliege oder das geordnete Leben der Ameisen.

5. EINHEIT

Was Insekten fressen und tun

Die Freßgewohnheiten der Insekten werden vorgestellt. Viele Insekten vernichten in einem großen Schwarm Ernten und können so Nahrungsknappheit für die Menschen hervorrufen. (Binden Sie hier die biblischen Plagen aus den vorhergehenden Einheiten ein.) Andere Insekten helfen der Menschheit: Bienen machen Honig, bestäuben Pflanzen und Blumen, fressen Schädlinge etc. Die Kinder dürfen ihr Lieblingsinsekt nennen und ihre Vorliebe begründen.

Gott, unser Vater, freut sich, wenn wir mit ihm reden; er hört uns immer zu

V-9

In unserer geschäftigen Welt, in der die Erwachsenen immer in Eile sind, um all ihren Verpflichtungen nachzukommen, überrascht es, daß der Gott des Universums uns zuhören möchte. Er hat den ersten Schritt getan und echte Kommunikation möglich gemacht - nicht nur, um uns zu sagen, was wir tun und lassen sollen, sondern auch, um zu hören, was uns bewegt, was wir denken und fühlen. Anders als bei uns Menschen, die im allgemeinen nicht gern jemandem zuhören, ist es Gott wichtig, uns zuzuhören, wo immer wir gerade sind: Gott „neigt uns sein Ohr zu und hört uns zu."

Gott, unser Vater, freut sich, wenn wir mit ihm reden; er hört uns immer zu

V-9

NOTIZEN

MERKVERS

„Ich liebe den Herrn, denn er hört mich, wenn ich zu ihm um Hilfe schreie. Er hat ein offenes Ohr für mich; darum bete ich zu ihm, solange ich lebe." (Gute Nachricht)
Ps 116,1.2

LIED

V-9

Gott, unser Vater, freut sich, wenn wir mit ihm reden; er hört uns immer zu

BIBELTHEMA: David, der Hirte und Liederdichter

GEBET: Verschiedene Ausdrucksformen von Gebet

BEZUG ZUM ALLTAG DES KINDES: Zuhören üben

SCHÖPFUNGSTHEMA: Schafe

IDEEN FÜR DIE PINNWAND

Man kann mit den Kindern eine Collage basteln.

Oder: In einem Regal werden verschiedene Bilder von Schafen ausgestellt, dazu Schaffell, Rohwolle, gesponnene Wolle und aus Wolle gefertigte Artikel.

BASTELIDEEN ZUM SCHÖPFUNGSTHEMA

Die Kinder kleben Wattebäuschchen auf den Umriß eines Schafes und malen die Hufe schwarz an.

Man zeichnet die Umrisse von Ländern, die Wolle produzieren (z. B. Australien, China, Neuseeland, Türkei) auf festes Papier. Die Kinder können diese Skizzen auf ein Stück dicken Teppich legen und mit Hilfe einer Lochnadel (Pinnwandnadel) die Umrißlinien perforieren, bis die Form herausgetrennt werden kann.

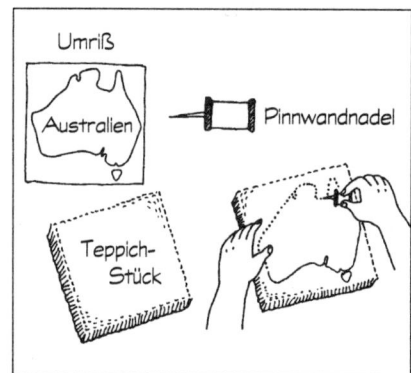

ANREGUNG FÜR DIE ELTERN

Warum ist zuhören wichtig? Kinder können spielerisch zuhören lernen und dabei erkennen, daß sie selbst wichtig sind. Beispiel: Das Kind sagt etwas, und Mutter/Vater hört aufmerksam zu und schaut ihm dabei in die Augen. Sie/er wiederholt die Aussage des Kindes mit eigenen Worten und fragt: „Hast du das so gemeint?" Oder Mutter/Vater klatscht einen Rhythmus, den das Kind nachklatscht. Oder das Kind schließt die Augen, Mutter/Vater versteckt sich und raschelt mit Papier, und das Kind sucht nach Gehör, von wo das Rascheln kommt.

PERSÖNLICHES BIBELSTUDIUM

BIBELTHEMA

Biblische Schlüsselstellen: *1 Samuel 16-31, beliebige Psalmen Davids*

Der Herr achtet auf uns und hört, wenn wir zu ihm rufen
„Erkennt doch: Wunderbar handelt der Herr an den Frommen; der Herr erhört mich, wenn ich zu ihm rufe."
Ps 4,4

Der Herr hört aufmerksam zu
„Die Augen des Herrn blicken auf die Gerechten, seine Ohren hören ihr Schreien."
Ps 34,16

Er „neigt uns sein Ohr zu", um zu hören
„Bei dir Herr, habe ich mich geborgen; laß mich niemals zuschanden werden; errette mich in deiner Gerechtigkeit! Neige zu mir dein Ohr, eilends errette mich! Sei mir ein Fels der Zuflucht..." (Rev. Elberfelder Bibel)
Ps 31,2.3

Gott, unser Vater, freut sich über unseren Lobpreis

Kinder-Lobpreis. „Aus dem Mund der Kinder und Säuglinge schaffst du dir Lob, deinen Gegnern zum Trotz; deine Feinde und Widersacher müssen verstummen."
Ps 8,3

Tanzen, Instrumente und Musik. „Seinen Namen sollen sie loben beim Reigentanz, ihm spielen auf Pauken und Harfen."
Ps 149,3

Klatschen. „Ihr Völker alle, klatscht in die Hände; jauchzt Gott zu mit lautem Jubel!"
Ps 47,2

Gott, unser Vater, freut sich, wenn wir mit ihm reden; er hört uns immer zu

Vielfältiges Lob. „Halleluja! Lobet Gott in seinem Heiligtum, lobt ihn in seiner mächtigen Feste! Lobt ihn für seine großen Taten, lobt ihn in seiner gewaltigen Größe! Lobt ihn mit dem Schall der Hörner, lobt ihn mit Harfe und Zither! Lobt ihn mit Pauken und Tanz, lobt ihn mit Flöten und Saitenspiel! Lobt ihn mit hellen Zimbeln, lobt ihn mit klingenden Zimbeln! Alles, was atmet, lobe den Herrn!"
Ps 150

Der Herr antwortet, wenn wir zu ihm rufen

„Sooft ich auch zu dir um Hilfe rufe, du hörst mich in deinem Heiligtum, von deinem Berg her schickst du mir Antwort." (Gute Nachricht)
Ps 3,5

„Ich rufe dich an, denn du erhörst mich, o Gott. Neige dein Ohr mir zu, höre meine Rede!" (Rev. Elberfelder Bibel)
Ps 17,6

„Herr, mein Gott, ich habe zu dir geschrien, und du hast mich geheilt."
Ps 30,3

Wir können mit Gott, unserem Vater, über alles reden

Bedrängnis. „Vernimm, o Gott, mein Beten; verbirg dich nicht vor meinem Flehen! Achte auf mich, und erhöre mich! Unstet schweife ich umher und klage. Das Geschrei der Feinde macht mich verstört; mir ist angst, weil mich die Frevler bedrängen... Mir bebt das Herz in der Brust; mich überfielen die Schrecken des Todes. Furcht und Zittern erfaßten mich; ich schauderte vor Entsetzen."
Ps 55,2-6

Gefühle der Liebe. „Was habe ich im Himmel außer dir? Neben dir erfreut mich nichts auf der Erde."
Ps 73,25

Unsere Sünde. „Erschaffe mir, Gott, ein reines Herz, und gib mir einen neuen, beständigen Geist! Verwirf mich nicht von deinem Angesicht, und nimm deinen heiligen Geist nicht von mir! Mach mich wieder froh mit deinem Heil; mit einem willigen Geist rüste mich aus!"
Ps 51,12-14

Wir können mit Gott zu jeder Tages- und Nachtzeit sprechen

„Ich aber schreie zu Gott, und er, der Herr, wird mir helfen. Am Abend, am Morgen und am Mittag bringe ich mein Klagen und Stöhnen vor ihn, und er hört mich!" (Gute Nachricht)
Ps 55,17.18

„Früh am Morgen hörst du mein Rufen, in der Frühe trage ich dir meine Sache vor und warte auf deine Entscheidung." (Gute Nachricht)
Ps 5,4

ANMERKUNG: *Haben wir diese zuversichtliche Erwartung, wenn wir Gott suchen?*

Wir können überall mit Gott reden

„Gott, höre mein Flehen, achte auf mein Beten! Vom Ende der Erde rufe ich zu dir."
Ps 61,2.3a

„Steige ich hinauf in den Himmel, so bist du dort; bette ich mich in der Unterwelt, bist du zugegen. Nehme ich die Flügel des Morgenrots und lasse mich nieder am äußersten Meer, auch dort wird deine Hand mich ergreifen und deine Rechte mich fassen."
Ps 139,8-10

Er ist immer nahe
„Der Herr ist allen, die ihn anrufen, nahe, allen, die zu ihm aufrichtig rufen. Die Wünsche derer, die ihn fürchten, erfüllt er, er hört ihr Schreien und rettet sie."
Ps 145,18.19

Gibt es eine Voraussetzung für Gottes Zuhören?
„Ihr alle, die ihr Gott fürchtet, kommt und hört; ich will euch erzählen, was er mir Gutes getan hat. Zu ihm hatte ich mit lauter Stimme gerufen, und

schon konnte mein Mund ihn preisen. Hätte ich Böses im Sinn gehabt, dann hätte der Herr mich nicht erhört. Gott aber hat mich erhört, hat auf mein drängendes Beten geachtet. Gepriesen sei Gott; denn er hat mein Gebet nicht verworfen und mir seine Huld nicht entzogen."
Ps 66,16-20

Es ist wichtig, daß wir die Fähigkeit entwickeln, gut zuzuhören
„Mein Sohn, achte auf meine Worte, neige dein Ohr meiner Rede zu! Laß sie nicht aus den Augen, bewahre sie tief im Herzen! Denn Leben bringen sie dem, der sie findet, und Gesundheit seinem ganzen Leib."
Spr 4,20-22

„Worte von Weisen: Neige mir dein Ohr zu und hör auf meine Worte, nimm dir meine Lehren zu Herzen! Schön ist es, wenn du sie in deinem Innern bewahrst; sie mögen fest wie ein Zeltpflock auf deinen Lippen haften."
Spr 22,17.18

„Der Weise aber hört auf Rat."
Spr 12,15b

SCHÖPFUNGSTHEMA: Schafe

Einige interessante Parallelen zwischen Schafen und Menschen (aus: „Psalm 23 - Aus der Sicht eines Schafhirten", von W. Phillip Keller):

Schafe sind leicht zu erschrecken; schon ein Kaninchen kann eine ganze Herde in Panik versetzen. Sie sind nahezu hilflos; wenn Gefahr droht, können sie nur springen und davonrennen. Nur die Gegenwart des Hirten gibt ihnen Sicherheit und Frieden, so daß sie auf grünen Wiesen ausruhen oder grasen können.

Schafe und Lämmer streiten häufig miteinander; oft bedrängen und unterdrücken die starken die schwächeren.

Ihren Durst stillen Schafe mit Morgentau. Der frühe Morgen ist ihre bevorzugte Weidezeit.

Manchmal wird ein Schaf zu fett oder seine Wolle wird zu schwer. In diesem Zustand kann es leicht auf den Rücken fallen und ist dann unfähig, wieder auf die Beine zu kommen. Wenn der Hirte diesem „gefallenen" Schaf nicht schnell hilft, kann es sterben.

Schafe spielen gern „Folge-dem-Leiter" und laufen in der Herde mit, ohne sich Gedanken über die Richtung zu machen. Sie laufen alle dieselben plattgetretenen Pfade und trinken aus denselben schmutzigen Wasserstellen einfach, weil die anderen es auch tun. Dieses Verhalten, „Herdentrieb" genannt, kann sowohl dem Weidegrund als auch den Schafen selbst großen Schaden zufügen. Ein gewissenhafter Hirte wird daher seine Schafe immer in Bewegung halten.

Gottes Volk, die Schafe seiner Weide
„Erkennet, daß der Herr Gott ist! Er hat uns gemacht und nicht wir selbst zu seinem Volk und zu Schafen seiner Weide." (Lutherbibel 1984)
Ps 100,3

Schafe verirren sich leicht
„Wir hatten uns alle verirrt wie Schafe, jeder ging für sich seinen Weg. Doch der Herr lud auf ihn die Schuld von uns allen."
Jes 53,6

„Ich bin verirrt wie ein verlorenes Schaf. Suche deinen Knecht! Denn deine Gebote habe ich nicht vergessen."
Ps 119,176

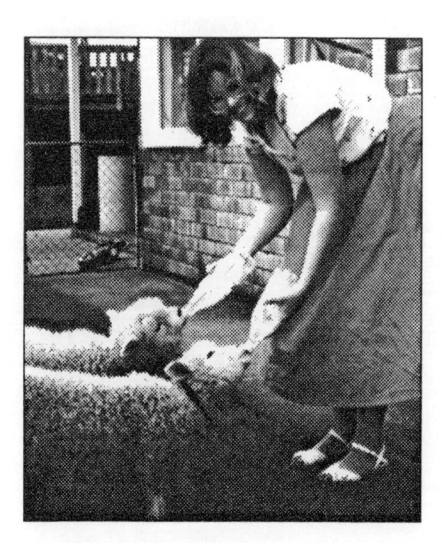

Schafe gewöhnen sich an die Stimme ihres Hirten und erkennen sie
„Ihm (dem Hirten) öffnet der Wächter das Tor, und die Schafe erkennen ihn schon an seiner Stimme. Dann ruft der Hirte sie mit ihren Namen und führt sie auf die Weide. Wenn seine Schafe den Stall verlassen haben, geht er vor ihnen her, und die Schafe folgen ihm, weil sie seine Stimme kennen. Einem Fremden würden sie niemals folgen. Ihm laufen sie davon, weil die fremde Stimme sie erschreckt. Alle, die sich vor mir (dem guten Hirten) als eure Hirten ausgaben, waren Diebe und Räuber. Aber die Schafe haben nicht auf sie gehört. Ich aber bin der gute Hirte und kenne meine Schafe, und sie kennen mich." (Hoffnung für alle)
Joh 10,3-5.8.14

Schafe sind für ihren Hirten kostbar
„Wenn einer von euch hundert Schafe hat und eines davon verliert, läßt er dann nicht die neunundneunzig in der Steppe zurück und geht dem verlorenen nach, bis er es findet? Und wenn er es gefunden hat, nimmt er es voll Freude auf die Schultern, und wenn er nach Hause kommt, ruft er seine Freunde und Nachbarn zusammen und sagt zu ihnen: Freut euch mit mir; ich habe mein Schaf wiedergefunden, das verloren war."
Lk 15,4-6

„Er sorgt für sein Volk wie ein guter Hirte. Die Lämmer nimmt er auf den Arm und hüllt sie schützend in seinen Umhang. Die Mutterschafe führt er behutsam ihren Weg."
(Hoffnung für alle)
Jes 40,11

WEITERE THEMENVORSCHLÄGE

- Schafe
- Schafe hüten
- Schafe scheren
- Wolle
- Lammen (Junge gebären)
- Wolle produzierende Länder

Gott, unser Vater, freut sich, wenn wir mit ihm reden; er hört uns immer zu

V-9

BIBELTHEMA: David, der Hirte und Liederdichter

David hatte verstanden, daß Gott immer zuhört. Er wußte, daß der Gott Israels sein Reden hört, sein Rufen in der Not, sein Wüten, sein Flehen in Angst, seine Siegeslieder, seine Ausrufe der Bewunderung und des Lobes, seine Sündenbekenntnisse. All das wurde in den Psalmen gesammelt und durch Musik, Dichtung und Tanz ausgedrückt. David ist ein gutes Vorbild, von dem wir lernen können, Gott in unterschiedlichsten Lebenssituationen unser Herz auszuschütten.

ZIELE

- Die Kinder werden mit Davids Leben vertraut gemacht.
- Die Kinder sollen das Besondere in der Beziehung zwischen David und Gott, unserem Vater, erfassen.
- Sie lernen einige Psalmen kennen.

MATERIAL

- Bibel
- alle Quellen, die wahrheitsgemäß über David berichten
- Bilder, die David als Hirten zeigen
- israelische Volksmusik

ANMERKUNG: Um sich selber angemessen vorzubereiten, kann man Davids Leben anhand der biblischen Berichte verfolgen und dann einige Psalmen (Ps 18, 51, 59 etc.) den bestimmten historischen Ereignissen zuordnen, z. B. Flucht um sein Leben, Buße, Sieg über Feinde etc.

Macht Gott irgendwann einmal Pause...?
Eines Tages fragte ein kleiner Junge: „Was passiert eigentlich, wenn wir zu Gott beten und er gerade nicht anwesend ist?" Doch bevor der Erzieher antworten konnte, platzte der Kleine heraus: „Ach, ist schon gut, ich weiß ja, daß Vater Gott zu Hause ist."
Rite Mayers, Schottland

1. EINHEIT

Während David Schafe hütete, sprach er mit Gott, unserem Vater

Die Kinder hören den Merkvers dieser Einheit. Ihnen wird aus Davids Leben erzählt und seine Beziehung zu Gott, unserem Vater, vor Augen geführt. Man könnte z. B. fragen: „Denkt ihr, daß Gott, unser Vater, David zugehört hat, oder war er zu beschäftigt mit anderen Dingen?" Es empfiehlt sich, einen Vers aus den Psalmen vorzulesen, der aussagt, daß Gott gerne zuhört.

2. EINHEIT

David dichtete Lieder und sang sie Gott, unserem Vater, vor

Jetzt wird erzählt, daß David die Psalmen - Lieder über Gott und seine persönliche Beziehung zu ihm - geschrieben hat, und daß er sie zu Gott sang und mit der Harfe begleitete. Man könnte an dieser Stelle ein israelisches Volkslied vorspielen oder für einen Psalm selbst eine Melodie komponieren, um den Kindern einen Eindruck zu vermitteln, wie Davids Lieder geklungen haben könnten. Es soll deutlich werden, daß Gott sich gefreut hat, David singen und auf der Harfe spielen zu hören.

3. EINHEIT

David wußte, daß Gott wie ein guter Hirte ist

Man erzählt, wie David umsichtig und fürsorglich die Schafe gehütet, sie auf grüne Weiden und zum Wasser geführt, wie er ihr ängstliches Blöken gehört, sie vor wilden Tieren gerettet und sie liebevoll in seine Arme geschlossen hat. In gleicher Weise erlebte David selbst Gottes Fürsorge. Zum Abschluß bietet es sich an, Ps 23 vorzulesen.

4. EINHEIT

David sprach mit Gott über seine Ängste und Nöte

Hier kann man die Geschichte erzählen, wie David um sein Leben lief (1 Sam 19,10) und vielleicht fragen: „Ist Gott, unser Vater, bereit, Davids Hilferuf in Not und Bedrängnis zu hören?" Das Lied, das David in dieser notvollen Situation geschrieben hat, steht in Psalm 59 (in einfacher Sprache vorlesen). Gott hörte und antwortete.

5. EINHEIT

David tat Buße

Die Kinder hören, daß König David sich manchmal falsch und selbstsüchtig entschieden hat (z.B. wie er hinterlistig Urija an die Front geschickt hat, 2 Sam 11) und dachte, er könnte das vertuschen. Als Gott aber David seine Sünde vor Augen führte, tat es ihm sehr leid. Er dichtete ein Lied und brachte darin seine Reue zum Ausdruck. Zum Abschluß können Verse aus Psalm 51 vorgelesen werden.

Gott, unser Vater, freut sich, wenn wir mit ihm reden; er hört uns immer zu

V-9

GEBET: Verschiedene Ausdrucksformen von Gebet

Wie wunderbar ist es, daß wir den Herrn loben und preisen können, wie David es tat! Gott, unser Vater, freut sich über jede einzelne Stimme und hört sorgfältig und aufmerksam zu. Kinder können lernen, Gott ihre Gedanken und Gefühle auf unterschiedlichste Weise auszudrücken: Durch Singen, mit Musikinstrumenten, durch Klatschen, Tanzen und stille Ehrerbietung in seiner Gegenwart.

ZIELE

- Die Kinder sollen begreifen und darin bestärkt werden, daß Gott sich über unseren Lobpreis freut.
- Gott mit unserem ganzen Körper preisen.

MATERIAL

- Lobpreislieder
- Musikinstrumente

ANMERKUNG: Um zu veranschaulichen, daß Gott uns überall hört, kann jede Einheit an einem anderen Ort, in einem anderen Raum, behandelt werden.

1. EINHEIT

Gesungenes Lob
Gott freut sich über unser Lob. Das kann durch das Bibelthema herausgestellt werden. Und dann sollte die Praxis nicht fehlen, nämlich Loblieder zu singen, die von den großen Taten Gottes erzählen, damit die Kinder verstehen, was Lobpreis bedeutet.

Lied zum Thema

2. EINHEIT

Gott mit Musikinstrumenten loben
David, der Hirte, lobte Gott mit Musik. Die Kinder können auf verschiedenen Instrumenten zum Lobe Gottes spielen. Die Bibel fordert uns auf: „Macht einen fröhlichen *Lärm!*" (Ps 149,3; Ps 150)

3. EINHEIT

Klatschen
In Psalm 47,2 fordert uns die Bibel auf, in die Hände zu klatschen und laut zu jauchzen. Das macht Kindern Spaß, und sie erfassen dabei, daß sie auf diese Weise Gott gegenüber ihre Freude und Anerkennung ausdrücken können gerade so, wie sie nach einer guten Theateraufführung oder etwas, was sie froh macht, klatschen.

4. EINHEIT

Tanzen
Die Kinder werden begeistert ein Loblied und dazu einfache Tanzschritte lernen, besonders, wenn ihnen gesagt wird, wie sehr Gott sich über ihr Singen und Tanzen freut.

5. EINHEIT

Stille
Anhand von Psalm 46,11 kann man darüber sprechen, wie wir vor Gott still sein und ihm in unserem Herzen dafür danken können, daß er uns liebt und für uns sorgt. Es wäre hier angebracht, eine Zeit für stilles Gebet einzuräumen, in der jeder Gott, unserem Vater, seine Liebe und seine Anbetung ausdrücken kann.

Gott, unser Vater, freut sich, wenn wir mit ihm reden; er hört uns immer zu

V-9

BEZUG ZUM ALLTAG DES KINDES: Zuhören lernen

„Sitz gerade und pass auf!" Wie oft haben unsere Kinder wohl bis zum Abschluß der Schule diesen Befehl gehört? Viel zu oft!

Nach der genauen Definition bedeutet zuhören, *„eine Anstrengung machen, um etwas zu hören."* Es gibt nur wenige Fähigkeiten, die in unserem Leben noch wichtiger sind. Gott selbst ist unser Vorbild. Weil er zuhört, können auch wir lernen, gute Zuhörer zu sein - durch Augenkontakt, Aufmerksamkeit und Körperhaltung.

ZIELE

- Die Kinder sollen lernen, was einen guten Zuhörer ausmacht: Augenkontakt, Aufmerksamkeit und Körperhaltung.
- Sie sollen erkennen, wie wichtig zuhören ist.

MATERIAL

- sämtliche Hilfsmittel, die für themengerechte Spiele und Rollenspiele nötig sind.

Hör zu...!
Christina, 4 Jahre, lauscht einer Kassette: „Das ist Gott, unser Vater, der zu mir spricht!"
Gail Maidment, Hongkong

1. EINHEIT

Zuhören ist wichtig
In einem Rollenspiel kann dieses Prinzip verdeutlicht werden; z. B. durch eine humorvolle Situation, in der jemand nicht zuhört oder durch ein Zuhörspiel.

Spielidee: Ich habe einen Schatz versteckt! Ziel: Die Kinder müssen einer Anweisung ganz genau zuhören und sie befolgen, um den Schatz zu finden. Z. B.: „Ich habe etwas ganz Besonderes in einer Schachtel hinter der Tür bei der Uhr versteckt." Ermutigen Sie den Freiwilligen, gut hinzuhören und sich auf den Weg zu machen.

2. EINHEIT

Hilfen zum genauen Zuhören
Es werden mehrere Kinder nacheinander gebeten vorzumachen, wie sie aufmerksam zuhören. Wahrscheinlich wird jedes Kind sich aufrecht setzen, still und aufmerksam sein und den Sprecher anschauen. Es wäre gut, diese Kennzeichen hervorzuheben und die Kinder in ihrer richtigen Haltung zu bestätigen. Die Kinder sollen erkennen, daß gut zuhören zu können u.a. für die Kreiszeiten sehr wichtig ist, damit sie nicht die „Schätze" verpassen, die Gott, unser Vater, austeilt. Zum Abschluß können die drei Hilfen für gutes Zuhören wiederholt werden: den Sprecher anschauen, still und aufmerksam sein und aufrecht sitzen.

3. EINHEIT

Blickkontakt
Jetzt wird deutlich gemacht, daß wir bei Blickkontakt mit der sprechenden Person das Gesagte besser aufnehmen können, als wenn wir sie nicht sehen. Man sagt einem Kind etwas und bekräftigt das Gesagte durch Augenausdruck und Mimik. Dann fordert man das Kind auf, das Gesagte zu wiederholen. Als Gegenbeispiel bindet man nun dem Kind die Augen zu, sagt ihm etwas und bittet es, das Gesagte zu wiederholen. Im anschließenden Gespräch wird hervorgehoben, wie hilfreich Blickkontakt für gutes Zuhören ist. Kinder brauchen es, daß sie immer wieder angehalten und ermutigt werden, Blickkontakt mit der sprechenden Person zu suchen.

4. EINHEIT

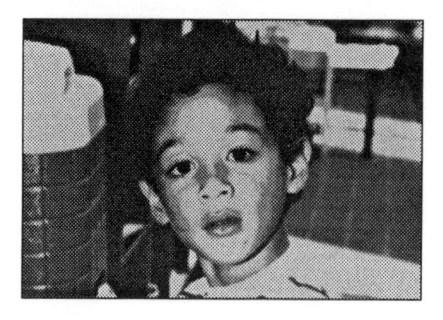

Aufmerksamkeit
Anhand einer persönlichen Erfahrung kann verdeutlicht werden, welche Folgen Unaufmerksamkeit haben kann. Es soll vermittelt werden, daß aufmerksam sein bedeutet, sich bemühen zu hören, was gesagt wird. Es empfiehlt sich, den Kindern gegenüber eine aufmerksame „Zuhör-Haltung" einzunehmen. Die Kinder brauchen vielfältige Ermutigung, daß sie während des ganzen Tages üben, aufmerksam zu sein.

5. EINHEIT

Körperhaltung
Den Kindern werden verschiedene Körperhaltungen für gutes Zuhören gezeigt und in Gegenbeispielen vor Augen geführt, wie schlechte, gleichgültige Haltung das Zuhören beeinträchtigt. Es ist hilfreich, die Kinder den Tag hindurch immer wieder eine Haltung aufmerksamen Zuhörens üben zu lassen.

Gott, unser Vater, freut sich, wenn wir mit ihm reden; er hört uns immer zu

V-9

SCHÖPFUNGSTHEMA: Schafe

Den Schafen galt Davids ganze Aufmerksamkeit in seiner anfänglichen „Hirten-Karriere". Unzählige Stunden verbrachte er damit, sie zu umsorgen, zu beschützen und sie auf frische Weiden zu führen. In diesen Einheiten lernen die Kinder mehr über Schafe, ihre Eigenschaften und ihren Beitrag für unsere Welt.

ZIELE

- Die Kinder werden wieder daran erinnert, daß Gott unser Schöpfer ist.
- Die Kinder sollen mit Schafen und ihren besonderen Eigenschaften vertraut werden.
- Die Kinder lernen, daß Schafe geschoren werden, und daß so Rohwolle entsteht.

MATERIAL

- Schöpfungsgeschichte
- Schöpfungsbilderbuch
- dreiteilige Karten von Schafen (für die Freispielzeit)
- großes Bild oder Modell eines Schafes
- Bilder verschiedener Rassen von Schafen, auch von Widdern, Muttertieren und Lämmern
- Bilder von Schafhirten, die eine Herde hüten und versorgen, Bilder von der Schafschur und der Herstellung von Wolle
- Bilder von Ländern, in denen Schafe gezüchtet werden
- Muster von Rohwolle, Strickwolle, Wollstoff und Kleidung, ein Schafsfell (wenn möglich)

1. EINHEIT

Einführung
Die Schöpfungsgeschichte wird vorgelesen, Bilder dazu gezeigt und der sechste Tag, an dem Gott die Schafe schuf, besonders hervorgehoben. Es werden Bilder von Schafen gezeigt und Schafswolle wird herumgegeben, die die Kinder anfassen können.

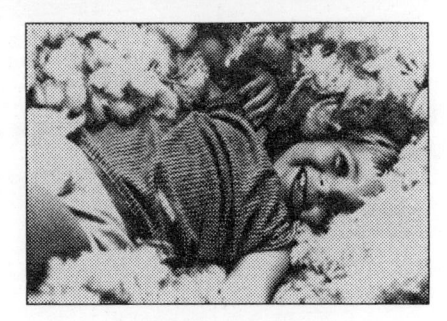

2. EINHEIT

Eigenschaften von Schafen
Anhand eines großen Bildes oder Modells lernen die Kinder die Körperteile eines Schafes zu benennen. Gemeinsam kann dann über das Verhalten von Schafen gesprochen werden, zu dem uns die Bibel einiges sagt (s. „Persönliches Bibelstudium").

3. EINHEIT

Die Pflege von Schafen
An dieser Stelle kann man Bilder von Menschen zeigen, die Schafe pflegen. Frage: Was ist nötig, um Schafe vor Krankheiten und wilden Tieren zu schützen und sie mit Futter und Wasser zu versorgen? Die Kinder lernen, daß ausgebildete Arbeiter den Schafen einmal im Jahr die Wolle scheren (ähnlich wie ein Friseur uns Menschen die Haare schneidet) und sie so auf die wärmere Jahreszeit vorbereiten.

4. EINHEIT

Wo gibt es bedeutende Schafzucht?
Auf einer Weltkarte zeigt man mehrere Länder, in denen Schafzucht betrieben wird, z. B. Neuseeland, Australien, China, Großbritannien etc. Auch ist es jetzt angebracht, die speziellen Begriffe, wie Widder, Mutterschaf und Lamm zu erklären und das Typische im Lebensablauf von Schafen zu erwähnen wie das Lammen und die Schurzeiten. Vielleicht kann eine kompetente Person eingeladen werden, um über Schafzucht und -pflege zu sprechen, wenn nicht ein Schäfer mit seiner Herde in der Nähe lebt.

5. EINHEIT

Das Herstellen von Wolle
Die Kinder lernen den Herstellungsprozeß von Wolle kennen: scheren des Schaffells, sortieren, reinigen, kämmen, spinnen und färben der Wolle. Muster von unbearbeiteter Wolle, Strickgarn und Wollstoff werden herumgereicht, wenn möglich, auch ein Schaffell-Läufer. Es werden verschiedene Kleidungsstücke aus Wolle genannt und evtl. den Kindern einige zum Anprobieren gegeben. Abschließend danken alle Gott, daß er unsere Erde mit Schafen gesegnet hat.

Gott, unser Vater, ist gut

V-10

„**Gut**" - ein strapaziertes Wort, das oft für Personen gebraucht wird, die auf der „moralischen Lebensleiter" eine Sprosse über „neutral" und zwei Sprossen über „böse" stehen. „Er ist ein guter Mensch; er lügt und betrügt nicht."

Verfolgen wir das Wort „gut" jedoch zu seinem hebräischen Ursprung zurück, entdecken wir, daß es auch *besser, am besten, großzügig, barmherzig, gütig, liebevoll* und *kostbar* bedeuten kann. Die Güte Gottes, unseres Vaters, schließt all das ein und noch viel, viel mehr. Es ist wichtig, sich klar zu machen, daß Gott gut ist, weil er sich dazu entschieden hat. Gott zeigt ständig seine Güte in unserem persönlichen Leben und in der Schöpfung. Er möchte, daß wir täglich seine Güte sehen. Laßt uns beginnen, danach Ausschau zu halten!

Gott, unser Vater, ist gut

V-10

NOTIZEN

MERKVERS

„Schmecket und seht, wie gütig der Herr ist; wohl dem, der zu ihm sich flüchtet!"
Ps 34,9

LIED ZUM THEMA

Gott, unser Vater, ist gut

V-10

BIBELTHEMA: Das Öl der Witwe

GEBET: Um Erkenntnis der Güte Gottes beten

BEZUG ZUM ALLTAG DES KINDES: Verschiedene Zeichen der Güte Gottes

SCHÖPFUNGSTHEMA: Öl

IDEEN FÜR DIE PINNWAND

Kannen und Krüge, wie sie im Nahen Osten gebräuchlich sind, werden aus Papier ausgeschnitten und (evtl. gemeinsam mit den Kindern) an die Pinnwand geheftet. Das macht die Geschichte anschaulich.

BASTELIDEEN ZUM SCHÖPFUNGSTHEMA

Phantasiebilder
In eine Tasse mit Öl einen Teelöffel Lebensmittelfarbe mischen. Ein tiefes Backblech oder eckige Auflaufform mit Wasser füllen und etwas von der Farbmischung darauf spritzen, so daß auf der Oberfläche kleine Inseln entstehen. Die Kinder legen für 30 Sek. ein Blatt Papier darauf und hängen es dann auf eine Leine zum Trocknen.

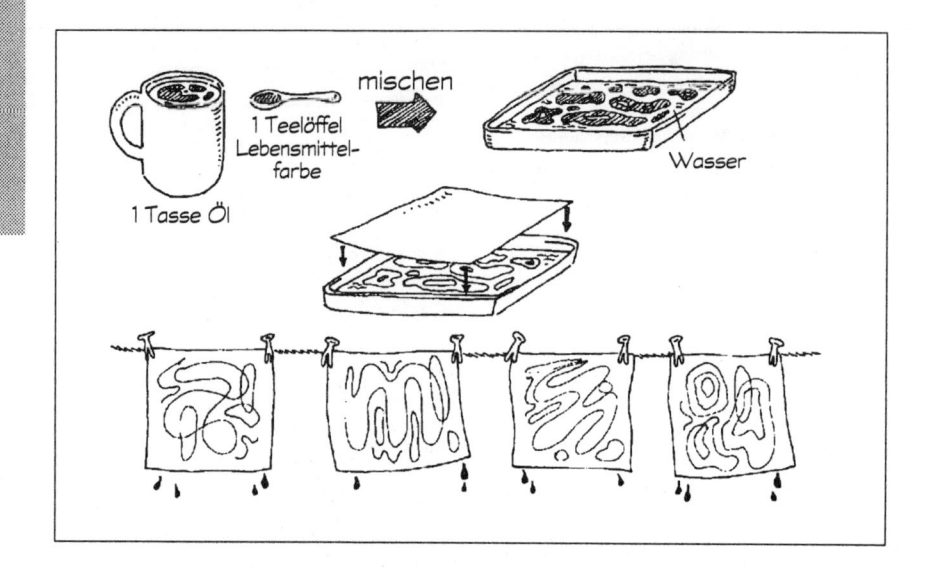

ANREGUNG FÜR DIE ELTERN

Eltern lesen ihren Kindern Psalm 78, insbesondere den ersten Teil, vor und erzählen dann, was Gott in ihrem eigenen Leben getan hat. Die Schriftstelle fordert uns auf, der nächsten Generation von Gottes Taten zu erzählen.

PERSÖNLICHES BIBELSTUDIUM

BIBELTHEMA

Biblische Schlüsselstelle: *2 Kön 4,1-7*

Gott, unser Vater, ist gut

„Du bist gut und tust Gutes."
(Rev. Elberfelder Bibel)
Ps 119,68a

„Gut ist der Herr zu dem, der auf ihn hofft, zur Seele, die ihn sucht."
Klgl 3,25

Jede Absicht und jedes Vorhaben in Gottes Herzen ist gut

„Ich bringe sie dazu, nur eines im Sinn zu haben und nur eines zu erstreben: mich alle Tage zu fürchten, ihnen und ihren Nachkommen zum Heil. Ich schließe mit ihnen einen ewigen Bund, daß ich... ihnen Gutes erweise. Ich lege ihnen die Furcht vor mir ins Herz, damit sie nicht von mir weichen. Ich werde mich über sie freuen, wenn ich ihnen Gutes erweise. In meiner Treue pflanze ich sie ein in diesem Land, aus ganzem Herzen und aus ganzer Seele."
Jer 32,39-41

„Gott aber hatte dabei (bei Josefs mißlicher Lage) Gutes im Sinn, um zu erreichen, was heute geschieht: viel Volk am Leben zu erhalten."
1 Mose 50,20

„Darum beten wir auch immer für euch, daß unser Gott euch eurer Berufung würdig mache und in seiner Macht allen Willen zum Guten und jedes Werk des Glaubens vollende."
2 Thess 1,11

„Alles, was der Herr tut, ist Güte und Treue für die, die seinen Bund achten und seinen Weisungen gehorchen." (Gute Nachricht)
Ps 25,10

Gott, unser Vater, ist gut

Gott zeigt seine Güte, indem er uns weit mehr gibt, als wir brauchen

„Der Herr, dein Gott, wird dir Gutes im Überfluß schenken, bei jeder Arbeit deiner Hände, bei der Frucht deines Leibes, bei der Frucht deines Viehs und bei der Frucht deines Ackers. Denn der Herr wird sich, wie er sich an deinen Vätern gefreut hat, auch an dir wieder freuen. Er wird dir Gutes tun..."
5 Mose 30,9

„Aus seinem Reichtum wird euch Gott, dem ich gehöre, durch Jesus Christus alles geben, was ihr zum Leben braucht." (Hoffnung für alle)
Phil 4,19

Alle guten Dinge kommen von Gott, unserem Vater

„Wenn nun schon ihr, die ihr böse seid, euren Kindern gebt, was gut ist, wieviel mehr wird euer Vater im Himmel denen Gutes geben, die ihn bitten."
Mt 7,11

„Jede gute Gabe und jedes vollkommene Geschenk kommt von oben, vom Vater der Gestirne, bei dem es keine Veränderung und keine Verfinsterung gibt."
Jak 1,17

„Der mit Gutem sättigt dein Leben. Deine Jugend erneuert sich wie bei einem Adler." (Rev. Elberfelder Bibel)
Ps 103,5

„Gott, der Herr, wird... kein Gutes vorenthalten denen, die in Lauterkeit wandeln." (Rev. Elberfelder Bibel)
Ps 84,12

Gott ist gut, unabhängig von unserem Verhalten

„Ihr aber sollt eure Feinde lieben und sollt Gutes tun und leihen, auch wo ihr nichts dafür erhoffen könnt. Dann wird euer Lohn groß sein, und ihr werdet Söhne des Höchsten sein; denn auch er ist gütig gegen die Undankbaren und Bösen."
Lk 6,35

Ist uns bewußt, wie überreichlich die Güte Gottes ist?

Überall. „Von seiner Güte lebt die ganze Welt." (Gute Nachricht)
Ps 33,5b

Für alle Menschen. „Er läßt seine Sonne aufgehen über Böse und Gute, und er läßt regnen über Gerechte und Ungerechte."
Mt 5,45

Immer. „Warum läßt du dich als Held feiern und gibst mit deiner Bosheit an? Auch du bist nur von Gottes Güte abhängig!" (Hoffnung für alle)
Ps 52,3

Überfließend. „Wie groß ist deine Güte, Herr, die du bereithältst für alle, die dich fürchten und ehren; du erweist sie allen, die sich vor den Menschen zu dir flüchten."
Ps 31,20

Täglich. „Gepriesen sei der Herr! Tag für Tag trägt er unsere Lasten. Gott ist unsere Hilfe." (Hoffnung für alle)
Ps 68,20

ANMERKUNG: *Interessanterweise drücken einige Bibelübersetzungen in diesem Vers aus,* **wie** *Gott uns mit Wohltaten belädt: „Er trägt täglich unsere Lasten" deutet einen Austausch unserer Lasten mit seinen Wohltaten an. Erstaunlich!*

In Schwierigkeiten. „Gut ist der Herr, eine feste Burg am Tag der Not."
Nah 1,7a

Wir können darum beten, Gottes Güte zu sehen

„Erhöre mich, Herr, in deiner Huld und Güte, wende dich mir zu in deinem großen Erbarmen!"
Ps 69,17

„Wirke an mir ein Zeichen zum Guten, daß die, die mich hassen, es sehen und beschämt werden, weil du, Herr, mir geholfen und mich getröstet hast." (Rev. Elberfelder Bibel)
Ps 86,17

„Ich aber bin gewiß, zu schauen die Güte des Herrn im Land der Lebenden."
Ps 27,13

Wie sollten wir auf die Güte Gottes reagieren?

„Sie sollen den Herrn preisen für seine Gnade und für seine Wunder an den Menschenkindern! Denn er hat die durstende Seele gesättigt, die hungernde Seele mit Gutem erfüllt. Wer ist weise? Der merke sich dies! Und sie sollen die Gnadentaten des Herrn sorgsam beachten."
(Rev. Elberfelder Bibel)
Ps 107,8.9.43

ANMERKUNG: Wenn wir die Werke Gottes sorgfältig betrachten, beginnen wir, zahllose Zeichen seiner Güte zu entdecken und freuen uns darüber: Zeiten des Lachens, ein wunderschöner Sonnenuntergang, ein Wort der Ermutigung, ein unerwartetes Geschenk...

„Wenn sie dann zurückdenken, werden sie deine unermeßliche Güte rühmen." / „Sie sollen die Erinnerung an deine große Güte wecken..." / „Deine reiche Güte sollen sie rühmen..."
(Hoffnung für alle/Einheitsübersetzung/ Gute Nachricht)
Ps 145,7a

„Verachtest du etwa den Reichtum seiner Güte, Geduld und Langmut? Weißt du nicht, daß Gottes Güte dich zur Umkehr treibt?"
Röm 2,4

SCHÖPFUNGSTHEMA: ÖL

Hebräische Grundbedeutung:
Das Wort „Öl" wird von seiner Wurzel her im Hebräischen folgendermaßen gebraucht: Salbung, Fett, Salbe, Olive, kostbare Salbe, Fruchtbarkeit.

Öl ist ein Zeichen für Gottes Versorgung und Segen

„Wenn der Herr, dein Gott, dich in das Land führt, von dem du weißt: er hat deinen Vätern Abraham, Isaak und Jakob geschworen, es dir zu geben... mit Gütern gefüllte Häuser, die du nicht gefüllt hast... Weinberge und Ölbäume, die du nicht gepflanzt hast – wenn du dann ißt und satt wirst: nimm dich in acht, daß du nicht den Herrn vergißt..."
5 Mose 6,10-12a

ANMERKUNG: Das hebräische Gesetz verbot ausdrücklich, einen Ölbaum zu fällen, selbst wenn er einem Feind gehörte.

„Wenn ihr auf meine Gebote hört, auf die ich euch heute verpflichte, wenn ihr also den Herrn, euren Gott, liebt und ihm mit ganzem Herzen und mit ganzer Seele dient, dann gebe ich eurem Land seinen Regen zur rechten Zeit, den Regen im Herbst und den Regen im Frühjahr, und du kannst Korn, Most und Öl ernten."
5 Mose 11,13.14

Gott gab Öl als Lichtquelle

„Siehe, ein Leuchter ganz aus Gold und sein Ölgefäß oben auf ihm... Dies (= die zusätzlich an den Leuchter angebrachten Schalen, die eine unaufhörliche Versorgung mit Öl gewährleisten) ist das Wort des Herrn an Serubbabel: Nicht durch Macht und nicht durch Kraft, sondern durch meinen Geist (für den Öl ein Symbol ist), spricht der Herr der Heerscharen."
(Rev. Elberfelder Bibel)
Sach 4,2.6

Öl wurde als Nahrungsmittel verwendet

„So hatte sie mit ihm (Elija) und ihrem Sohn viele Tage zu essen. Der Mehltopf wurde nicht leer, und der Ölkrug versiegte nicht, wie der Herr durch Elija versprochen hatte."
1 Kön 17,15b.16

„Nimm ungesäuerte Brote, mit Öl vermengte, ungesäuerte Kuchen und mit Öl bestrichene, ungesäuerte Brotfladen; aus Feinmehl sollst du sie zubereiten."
2 Mose 29,2

Öl brachte Heilung und Erfrischung

„Du hast mein Haupt mit Öl gesalbt, mein Becher fließt über."
(Rev. Elberfelder Bibel)
Ps 23,5b

ANMERKUNG: Öl, vermischt mit Parfüm, wurde in heißen Klimazonen als Erfrischung und als schweißhemmendes Mittel verwendet.

„Damit ich die Trauernden Zions erfreue, ihnen Schmuck bringe anstelle von Schmutz, Freudenöl statt Trauergewand..."
Jes 61,3

„Er ging zu ihm hin, goß Öl und Wein auf seine Wunden und verband sie."
Lk 10,34a

Öl wurde gebraucht, um Menschen für bestimmte Aufgaben und Berufungen zu salben

„Ich habe David, meinen Knecht, gefunden und ihn mit meinem heiligen Öl gesalbt."
Ps 89,21

„Dann sollst du mit dem Salböl das heilige Zelt und alle Gegenstände darin besprengen. So werden sie mir geweiht und sind heilig."
(Hoffnung für alle)
2 Mose 40,9

Öl wurde als Opfer für Gott eingesetzt

„Dazu sollst du als Speiseopfer jeden Morgen ein sechstel Efa Mehl und ein drittel Hin Öl herrichten, mit dem das Mehl besprengt wird. Diese Vorschrift über das tägliche Opfer soll für immer gelten. Bringt also jeden Morgen das Lamm, das Speiseopfer und das Öl als das tägliche Brandopfer dar!"
Hes 46,14.15

WEITERE THEMENVORSCHLÄGE

- Basisprodukte für Öl
- tierische Öle und Fette
- pflanzliche Öle und Fette
- Ölgewinnung
- Ölverwendung
- Trocknungseigenschaften von Öl

Gott, unser Vater, ist gut

V-10

BIBELTHEMA:
Das Öl der Witwe

Gott, unser Vater, hat seine Güte in den Tagen Elisas durch ein bemerkenswertes Wunder gezeigt. Eine mittellose Witwe wurde gedrängt, ihre Schulden zu bezahlen oder notfalls ihre beiden Söhne als Sklaven zu verkaufen. Gott sorgte nicht nur für die Bezahlung der Schulden, sondern gab überfließend und weit mehr, als die Familie brauchte. Es ist wirklich eine Freude, Gottes Güte zu erleben!

ZIELE

- Die Kinder lernen die Geschichte von der wunderbaren Ölvermehrung kennen.
- Sie werden dafür sensibilisiert, die Güte Gottes zu erkennen.

MATERIAL

- Bibel: 2 Kön 4,1-7
- Hilfsmittel, die die Geschichte von dieser Ölvermehrung veranschaulichen
- Requisiten für ein Rollenspiel

1. EINHEIT

Gott ist ein guter Gott
Die Geschichte von der Witwe wird erzählt, die hohe Schulden hatte und in Gefahr stand, alles zu verlieren. Wie gütig hat Gott gegenüber dieser Familie gehandelt und ihr weit über das Nötigste hinaus geholfen!

2. EINHEIT

Gottes guter Plan für die Witwe
Man erzählt die Geschichte noch einmal und betont, daß Gott die Witwe in ihrer Armut nicht vergessen hatte. Gott hatte schon einen Plan für diese Situation, und als die Witwe um Hilfe flehte, handelte er.

3. EINHEIT

Gott war den Söhnen ein guter Vater
Die Geschichte wiederholen unter dem Aspekt, daß die beiden Jungen keinen Vater mehr hatten. Aber Gott erwies sich als ihr Vater, der für sie sorgte und ihnen mehr gab, als sie nötig hatten, und so konnte die Familie zusammenbleiben.

4. EINHEIT

Gott gab überfließend
Die Geschichte wird noch einmal erzählt und das Wunder der Ölvermehrung hervorgehoben. Gott gab in seiner Güte einen großen Vorrat an Öl. Die Witwe und ihre Söhne haben Gott sicherlich für seine Güte gedankt.

5. EINHEIT

Gefäße und noch mehr Gefäße
Die Kinder dürfen die Geschichte von Elisa, der Witwe, ihren Söhnen und den Nachbarn, die ihnen die Gefäße für das Öl geliehen haben, nachspielen. Dabei sollen ihnen so viele Gefäße wie nur möglich zur Verfügung stehen. Beim Spielen sollen sie richtig Gottes Fülle erleben können!

Gott, unser Vater, ist gut

V-10

GEBET: Um Erkenntnis der Güte Gottes beten

Wie oft übersehen wir Zeichen der Güte Gottes! Die meisten werden zugeben, daß wir Menschen viel Gutes in unserem Leben nicht bewußt wahrnehmen. Viele sind auch nicht bereit anzuerkennen, daß alles Gute von Gott kommt. Andere sind unzufrieden mit dem, was Gott ihnen gegeben hat und verlassen sich auf ihre eigenen Möglichkeiten oder erwarten Erfüllung von einem falschen Gott. Daraus entsteht Götzendienst, der Gott ein Greuel ist. Anhand dieser Einheiten werden die Kinder angeleitet, um ein klareres Bewußtsein der Güte Gottes zu beten. Dann können sie auch für andere Menschen beten, daß sie die guten Gaben Gottes wahrnehmen. Sie werden staunen, wie Gott diese Gebete beantwortet!

ZIELE

- Die Kinder lernen, Dank für Gottes Güte zum Ausdruck zu bringen.
- Die Kinder werden angeleitet, für Menschen zu beten, denen die Güte Gottes offenbar nicht bewußt ist, und die daher falsche Götter anbeten.

MATERIAL

- Bilder von oder Zeitungsartikel über Persönlichkeiten, für die Sie beten möchten
- Landkarte oder Globus

Naja, ...nicht genau das, was wir meinten...
Als wir für unseren sehr britischen Gouverneur beteten, betete Christopher, daß er doch lernen möge, amerikanisch zu sprechen!
Gail Maidment, Hongkong

1. EINHEIT

Gott für seine Güte danken
Die Kinder zählen einige gute Dinge auf, über die sie sich freuen. Sie werden angeleitet, Gott für empfangene Wohltaten zu danken. Sie können auch gemeinsam Gott bitten, daß er alle sensibler für seine Güte macht, damit er auch den ihm gebührenden Dank erhält.

2. EINHEIT

Gebet für eine bekannte Person aus dem Bezirk oder der Stadt
Aus dem Bezirk oder der Stadt wählt man jemanden aus, der sich Gottes Güte nicht bewußt zu sein scheint. Es wird deutlich gemacht, daß Gott sehr gern möchte, daß diese Person seine Güte erkennt. Vielleicht gibt es einen Zeitungsbericht oder ein Bild von dieser Person. Nach Römer 2,4 kann dafür gebetet werden, daß dieser Person die Güte Gottes so bewußt wird, daß sie zur Buße geleitet wird.

3. EINHEIT

Fürbitte für eine Person, die auf Länderebene Einfluß hat
Wie bei der 2. Einheit, aber diesmal wird für eine Person gebetet, die auf Bundesland-Ebene Einfluß hat.

4. EINHEIT

Fürbitte für eine Person, die auf nationaler Ebene Einfluß hat
Psalm 69,17 wird vorgelesen und die Kinder, wie in den vorangehenden Einheiten, in die Fürbitte geführt. Bilder und Landkarte können den Kindern eine Vorstellung von der ausgewählten Person und ihrem Wohn- oder Arbeitsort vermitteln.

5. EINHEIT

Fürbitte für eine Person mit weltweitem Einfluß
Diesmal wird eine weltbekannte Persönlichkeit ausgewählt und dafür gebetet, daß sie Gottes Güte auf eine ganz neue Weise kennenlernt. Abschließend danken nochmals alle für Gottes Güte.

Gott, unser Vater, ist gut

V-10

BEZUG ZUM ALLTAG DES KINDES: Verschiedene Zeichen der Güte Gottes

Schauen wir uns die Zeichen der Güte Gottes an, die es überall und für jeden zu entdecken gibt: strahlende Augen, vielfältige Geschmacksaromen, farbenprächtige Blumen, bunt leuchtende Regenbögen, beruhigende Flüsse, duftende Wiesen und vieles mehr. Gott *mußte* nicht all das schaffen, aber er *möchte gern* seine Güte immer wieder neu in den alltäglichen Dingen zeigen. Diese Einheiten sollen dazu dienen, unsere Wahrnehmung für die Güte Gottes zu schärfen, die uns überall umgibt.

ZIELE

- Die Kinder sollen mehr und mehr erkennen, daß Gott seine Güte in der Schöpfung auf vielfaltige Weise zeigt.

MATERIAL

- Bilder von Sonnenuntergängen
- verschiedene Obst-, Käse- oder Brotstückchen zum Probieren
- Objekte und Bilder aus der Schöpfungsgeschichte
- verschiedene Blumen oder Bilder davon
- großer Papierbogen oder sonstige Malfläche

Gott ist gut, weil..
Rachel, 5 Jahre alt: „Gott hat die Bäume gemacht, und wenn er sie nicht gemacht hätte, hätten wir keinen Sauerstoff und keine Schokolade!"
Susan Abraham, Hongkong

1. EINHEIT

Gott schenkt uns Sonnenuntergänge
Angeregt durch verschiedene Bilder von Sonnenuntergängen, erzählen die Kinder von besonders schönen, die sie selbst erlebt haben. Sonnenuntergänge sind eine „Live-Show" der Güte Gottes, etwas, was wir nicht notwendig zum Leben brauchen, was aber ein wunderschönes Geschenk Gottes ist, und jeden Abend ist es anders!

2. EINHEIT

Gott hat unserer Nahrung verschiedenartigsten Geschmack gegeben
Die Kinder dürfen eine Auswahl leckerer Nahrungsmittel probieren, um Gottes Güte zu schmecken, sich der Vielfalt bewußt zu werden und sich daran zu freuen. Wie wäre es, wenn wir immer nur das Gleiche zu essen hätten? Langweilig!

3. EINHEIT

Gott hat uns Farben gegeben
Die Kinder schauen sich um und zählen alle Farben auf, die sie sehen. Farbige Objekte und Bilder aus der Schöpfungsgeschichte ergänzen die Aufzählung. (Die älteren Kinder können blasse und kräftige Farbtöne unterscheiden.) Man spricht mit den Kindern darüber, daß die große Vielfalt an Farben Ausdruck der Güte Gottes ist. Wir brauchen sie nicht notwendig zum Leben, aber Gott hat die Welt für uns bunt und schön gemacht. Hat jedes Kind eine Lieblingsfarbe?

4. EINHEIT

Gott hat uns Blumen gegeben
Während verschiedene Sorten Blumen herumgereicht werden, daß die Kinder sie anfassen und daran riechen können, spricht man darüber, daß Blumen Ausdruck der Güte Gottes sind, zu unserer Freude geschaffen. (Wenn keine echten Blumen verfügbar sind, reicht man Bilder herum.) Wie wäre es, wenn es nur eine Sorte Blumen gäbe? Es gilt, die große Vielfalt und Schönheit, die leuchtenden Farben und den Reichtum an Duft hervorzuheben und wie unterschiedlich sie sich anfühlen.

ANMERKUNG: Wie wär's, am Ende der Einheit einem Kind aus der Gruppe die Blumen zu schenken, als Ausdruck der Güte Gottes?

5. EINHEIT

Gott hat uns so vieles geschenkt
Auf einen großen Papierbogen oder eine Malfläche werden vielerlei Dinge gemalt oder ausgeschnittene Bilder geklebt, die nicht lebensnotwendig sind, sondern die Gott den Menschen rein zur Freude gegeben hat. Ist dann nicht reichlich Anlaß, Gott für seine Güte zu danken?

Gott, unser Vater, ist gut

V-10

SCHÖPFUNGSTHEMA: ÖL

Eine Studie über Öle und Fette – für Kindergartenkinder? Warum nicht!

Alle Lebewesen enthalten Öl bzw. Fett. So wie das „Bibelthema" die wunderbare Ölvermehrung behandelte, geht es in diesen Einheiten darum, einige Eigenschaften von Öl bzw. Fett kennenzulernen. Die Kinder hören sowohl etwas über Ölquellen und Ölgewinnung, als auch über Bedeutung und Gebrauch von Öl und Fett im Alltag. Sie, als Erzieher, können vielleicht auch noch etwas Neues lernen. Freuen Sie sich über Gottes Güte!

ZIELE

- Die Kinder sollen sich an Gott, unseren Schöpfer, erinnern.
- Sie lernen, was Öl bzw. Fett ist, wo es vorkommt und wie es gebraucht wird.
- Sie probieren aus, wie man auf verschiedene Weise Öl und (flüssiges) Fett gewinnen kann.

MATERIAL

- Schöpfungsgeschichte
- Lebewesen und Früchte (oder Bilder davon), die Öl bzw. Fett enthalten (Sonnenblumenkerne, Oliven, Mais, Erdnüsse, Kokosnuß, Schwein, Dorsch, Wal)
- Pflanzenöl
- Seifenwasser
- Ölproben von Lebewesen (Pflanzenöl, Schweinefett etc.)
- Probe Motorenöl
- Bild einer Bohranlage
- Glas mit Wasser
- Bratpfanne, Herdplatte, Mixer, Knoblauchpresse
- Speck, schwarze Oliven, Sonnenblumenkerne oder dergleichen
- Produkte, deren Basisstoff Öl bzw. Fett ist, oder die Öl bzw. Fett enthalten
- Speisen, die mit und ohne Öl bzw. Fett zubereitet werden können (Kartoffeln, Reis, Nudeln)

1. EINHEIT

Wo Öl und Fette vorkommen
Man liest die Schöpfungsgeschichte vor, besonders von den Tagen 3,5,6, an denen Gott alle Lebewesen geschaffen hat. Die Kinder bekommen einen Tropfen Öl in die Hand, den sie verreiben, um wahrzunehmen, wie sich Öl anfühlt, und wie es riecht. Anschließend waschen sich alle die Hände mit Seifenwasser. Es wird deutlich gemacht, daß Öl eine fettige Substanz ist, die in allen Lebewesen vorkommt, sogar im Menschen. Mit einigen Produkten (oder Bildern davon), aus denen Öl gewonnen wird, läßt sich vor Augen führen, daß all diese Dinge Öl enthalten.

2. EINHEIT

Öl von lebenden Wesen und Öl von verwester Materie
Man spricht über Öl und Fett, das in lebender Materie verborgen ist, z. B. in Oliven, einigen Samen, Nüssen, Gemüsesorten und Tieren und zeigt Beispiele dazu. Als Gegenbeispiel zeigt man nun eine Probe von Motoröl und erklärt, daß es, tief in der Erde verborgen, Ölvorkommen gibt, und daß dieses Öl, Petroleum genannt, von Lebewesen stammt, die vor langer, langer Zeit gestorben sind. Mit Hilfe von Bildern einer Bohrinsel kann man den Kindern erläutern, wie wir Menschen das Öl aus der Erde holen.

3. EINHEIT

Öl- bzw. Fettabscheidung
Man gießt ein wenig Öl in ein Glas mit Wasser, um zu zeigen, wie Öl und Wasser sich voneinander abscheiden. Es folgen drei weitere Versuche, bei denen beobachtet werden kann, wie Öl bzw. flüssiges Fett sich aus einer anderen Substanz herausscheidet: (1) in einer Bratpfanne wird Speck erhitzt, so daß sich die Fettanteile verflüssigen. (Vorsicht! Kleinere Kinder in sicherem Abstand halten.) (2) Schwarze Oliven werden gestoßen oder im Mixer zerkleinert und mit einer halben Tasse Wasser vermischt. Dann sieht man das Öl an die Oberfläche steigen. (3) Sonnenblumenkerne werden durch eine Knoblauchpresse gequetscht. Abschließend wiederholen wir noch einmal diese drei Möglichkeiten der Öl- und Fettabscheidung, nämlich Erhitzen, mit Wasser mixen und Pressen.

4. EINHEIT

Der Gebrauch von Öl und Fett
Man stelle sich das Leben einmal ohne Öl zum Schmieren und geschmeidig machen usw. vor. An vielerlei Beispielen, wobei die Kinder auch selbst ausprobieren und darüber sprechen können, wird ihnen bewußt gemacht, wie nützlich Öl und Fett ist. Da jede Kultur außer den allgemein bekannten noch ganz eigene Verwendungszwecke für Öl und Fett hat, wäre es interessant, auch solche zusammenzutragen (z. B. wird in Tibet Yakbutter als Brennmaterial genutzt).

Beispiele für Ölprodukte und -verwendungszwecke: Kerzen, bestimmte kampferhaltige Medikamente, Vitamine, Sonnenlotion, Speiseöl, Parfum aus zerstoßenen Blumen.

5. EINHEIT

Kochen mit Öl
Am Beispiel von Speisen, die sowohl mit Öl bzw. Fett zubereitet werden können, als auch nur in Wasser gegart - wie Reis, Nudeln, Kartoffeln -, dürfen die Kinder den Unterschied im Geschmack, in der Struktur und im Anfühlen von Öl wahrnehmen. Zum Abschluß danken wir Gott, unserem Vater, für Öl und Fett.

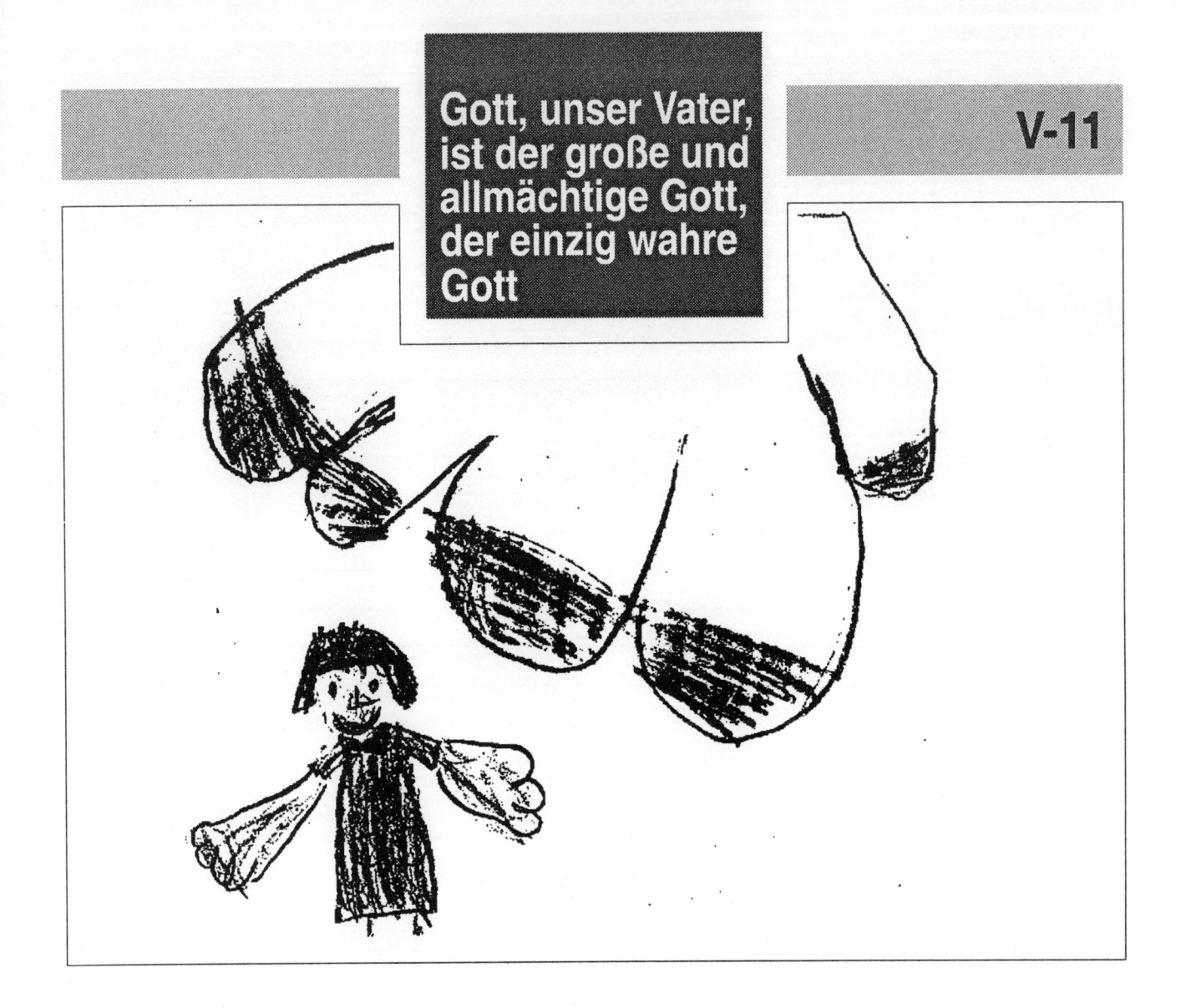

Gott, unser Vater, ist der große und allmächtige Gott, der einzig wahre Gott

V-11

Überall auf der Welt sehen wir Bilder von „Göttern", kunstvoll geschnitzt aus wertvollem Holz, gegossen aus legiertem Gold, gemeißelt aus sorgsam ausgewähltem Stein. Andere Götter sind nicht so augenscheinlich: Geld, Besitz, Vergnügen, Macht... Können diese Götter sehen? Können sie hören? Können sie antworten? Sind sie allmächtig? Nein!

Der Gott der Bibel ist der eine wahre Gott. Nur er kann sehen, hören, sprechen und die, die ihm nachfolgen, erretten. Er hat die absolute Macht, er ist ewig und lebendig. Er hat beschlossen, sich seinem Volk persönlich zu offenbaren. Welch ein Gegensatz zu den falschen Göttern! Dieses Kapitel macht den Gegensatz sehr deutlich: Gott, der Allmächtige, rettet auf dramatische Weise drei hebräische Gläubige vor dem Feuertod, der ihnen als Strafe zugedacht war, weil sie sich geweigert hatten, eine tote babylonische Statue anzubeten.

Gott, unser Vater, ist der große und allmächtige Gott, der einzig wahre Gott

V-11

NOTIZEN

MERKVERS

„Der Herr aber ist der wahre und lebendige Gott, der ewige König." (Hoffnung für alle)
Jer 10,10a

LIED ZUM THEMA

Gott, unser Vater, ist der große und allmächtige Gott, der einzig wahre Gott

V-11

BIBELTHEMA: Die drei Männer im Feuerofen

GEBET: Gebet für Menschen, die den einen, wahren Gott noch nicht kennen

BEZUG ZUM ALLTAG DES KINDES: Götter von Menschenhand gemacht aus Holz, Stein, Metall und Papier

SCHÖPFUNGSTHEMA: Feuer

IDEEN FÜR DIE PINNWAND

Gestaltung einer **Collage** über Gefahren und Nutzen des Feuers.

BASTELIDEEN ZUM SCHÖPFUNGSTHEMA

1. Feuer
Auf schwarzes Papier kleben die Kinder Holzspäne und dazu Flammen aus rotem Glanzpapier.

2. Bügelperlen
Die Kinder füllen die Schablonen mit Perlen, nach ihrer persönlichen Vorstellung. Der Erzieher legt Backtrennpapier darauf und bügelt mit einem ausreichend heißen Bügeleisen darüber, bis die Perlen miteinander verschmelzen. Nach kurzem Erkalten heben die Kinder vorsichtig ihre Schmelzform von der Schablone.

ANREGUNG FÜR DIE ELTERN

Dies ist für Sie als Eltern eine gute Gelegenheit, Ihren eigenen Lebensstil zu überprüfen. Messen Sie den Dingen dieser Welt den Wert bei, der ihnen nach Gottes Maßstab zukommt? Auf diese Weise vermitteln Sie - ohne darüber zu sprechen - Ihren Kindern Werte.

PERSÖNLICHES BIBELSTUDIUM

BIBELTHEMA

Biblische Schlüsselstelle: *Daniel 3*
(Vorschlag: Das Kapitel mehrmals lesen und sich die pompöse Scene des Geschehens vorstellen, den tumultartigen Lärm der Menschen hören, den politischen Druck spüren, die Hitze des Feuerofens empfinden... Die Geschichte soll für Sie ganz lebendig werden!)

Gott ist der große, allmächtige Gott

„Du sollst nicht erschreckt zurückweichen, wenn sie angreifen; denn der Herr, dein Gott, ist als großer und furchterregender Gott in deiner Mitte."
5 Mose 7,21

„Der Herr, euer Gott, ist der Gott über den Göttern und der Herr über den Herren. Er ist der große Gott, der Held und der Furchterregende. Er läßt kein Ansehen gelten und nimmt keine Bestechung an. Er ist dein Lobgesang, er ist dein Gott. Für dich hat er all das Große und Furchterregende getan, das du mit eigenen Augen gesehen hast."
5 Mose 10,17.21

„Herr, mein Gott, wie mächtig bist du! Keiner ist dir gleich. Nach allem, was wir gehört haben, sind wir überzeugt: Es gibt keinen Gott außer dir."
(Hoffnung für alle)
2 Sam 7,22

„Niemand, Herr, ist wie du: Groß bist du, und groß an Kraft ist dein Name."
Jer 10,6

Er ist der eine, wahre Gott

„Jetzt weiß ich: Jahwe ist größer als alle Götter. Denn die Ägypter haben Israel hochmütig behandelt, doch der Herr hat das Volk aus ihrer Hand gerettet."
2 Mose 18,11

Gott, unser Vater, ist der große und allmächtige Gott, der einzig wahre Gott

„Aber der Herr ist in Wahrheit Gott. Er ist der lebendige Gott und ein ewiger König." (Rev. Elberfelder Bibel)
Jer 10,10a

„Das ist das ewige Leben: dich, den einzigen wahren Gott, zu erkennen und Jesus Christus, den du gesandt hast."
Joh 17,3

„Wir wissen aber: Der Sohn Gottes ist gekommen, und er hat uns Einsicht gegeben, damit wir (Gott) den Wahren erkennen. Und wir sind in diesem Wahren, in seinem Sohn Jesus Christus. Er ist der wahre Gott und das ewige Leben."
1 Joh 5,20

Was sagt die Bibel über falsche Götter?

„Du sollst neben mir keine anderen Götter haben."
2 Mose 20,3

„Du sollst dich vor ihren Göttern nicht niederwerfen und ihnen nicht dienen, und du sollst nicht nach ihren Taten tun, sondern du sollst sie ganz und gar niederreißen und ihre Gedenksteine völlig zertrümmern." (Rev. Elberfelder Bibel)
2 Mose 23,24

„Ihr sollt nicht anderen Göttern nachfolgen, keinem Gott eines Volkes, das in eurer Nachbarschaft wohnt."
5 Mose 6,14

„Denn alle Götter der Völker sind Götzen, der Herr aber hat den Himmel gemacht." (Rev. Elberfelder Bibel)
Psalm 96,5

„Die Götzen der Nationen sind aus Silber und Gold, ein Werk von Menschenhänden. Einen Mund haben sie, reden aber nicht. Augen haben sie, sehen aber nicht. Ohren haben sie, hören aber nicht. Auch ist kein Atem in ihrem Mund. Ihnen gleich sind die, die sie machen, ein jeder, der auf sie vertraut." (Rev. Elberfelder Bibel)
Ps 135,15-18

„Man schüttet Gold aus dem Beutel und wiegt Silber ab auf der Waage. Man bezahlt einen Goldschmied, damit er einen Gott daraus macht. Man kniet nieder und wirft sich sogar zu Boden. Man trägt ihn auf der Schulter und schleppt ihn umher; dann stellt man ihn wieder auf seinen Platz, und dort bleibt er stehen; er rührt sich nicht von der Stelle. Ruft man ihn an, so antwortet er nicht; wenn man in Not ist, kann er nicht helfen."
Jes 46,6.7

In welche Falle tappen alle, die falschen Göttern vertrauen?

„Viele Schmerzen leidet, wer fremden Göttern folgt."
Ps 16,4a

„Es weichen zurück, es werden völlig zuschanden alle, die auf ein Götterbild vertrauen, die zum gegossenen Bild sagen: Ihr seid unsere Götter." (Rev. Elberfelder Bibel)
Jes 42,17

„Das ist dein Los, dein Lohn, von mir dir zugemessen, weil du mich vergessen und dich auf Lüge verlassen hast. Nun hebe auch ich deine Schleppe auf, bis über dein Gesicht, so daß deine Schande offenbar wird."
Jer 13,25.26

Nebenprodukte für die, die dem wahren Gott vertrauen

„Der Herr ist meine Stärke und mein Schild; auf ihn hat mein Herz vertraut, und mir ist geholfen worden; daher frohlockt mein Herz, und ich will ihn preisen mit meinem Lied." (Rev. Elberfelder Bibel)
Ps 28,7

„Wer Gottes Gebote mißachtet, der schafft sich viel Kummer; aber wer dem Herrn vertraut, wird seine Güte erfahren." (Gute Nachricht)
Ps 32,10

„Die Rettung der Gerechten kommt vom Herrn, er ist ihre Zuflucht in Zeiten der Not. Der Herr hilft ihnen und rettet sie, er rettet sie vor den Frevlern; er schenkt ihnen Heil, denn sie suchen Zuflucht bei ihm."
Ps 37,39.40

SCHÖPFUNGSTHEMA: FEUER

Feuer leuchtet
„Der Herr zog vor ihnen her, bei Tag in einer Wolkensäule, um ihnen den Weg zu zeigen, bei Nacht in einer Feuersäule, um ihnen zu leuchten. So konnten sie Tag und Nacht unterwegs sein."
2 Mose 13,21

Feuer wärmt
„Petrus aber war Jesus von weitem bis in den Hof des hohepriesterlichen Palastes gefolgt; nun saß er dort bei den Dienern und wärmte sich am Feuer."
Mk 14,54

Feuer zum Kochen und Braten
„Den einen Teil des Holzes wirft man ins Feuer und röstet Fleisch in der Glut und sättigt sich an dem Braten."
Jes 44,16a

Feuer prüft und reinigt
„Alles, was Feuer nicht verbrennen kann, sollt ihr durchs Feuer ziehen, damit es rein wird. Doch es muß auch noch mit Reinigungswasser entsündigt werden. Alles aber, was im Feuer verbrennen kann, zieht durchs Wasser!"
4 Mose 31,23

„So (durch die Prüfungen) wird sich euer Glaube bewähren und sich wertvoller und beständiger erweisen als pures Gold, das im Feuer vollkommen gereinigt wurde. Lob, Preis und Ehre werdet ihr dann an dem Tag empfangen, an dem Christus wiederkommt." (Hoffnung für alle)
1 Petr 1,7

„Ob aber jemand auf dem Grund mit Gold, Silber, kostbaren Steinen, mit Holz, Heu oder Stroh weiterbaut: das Werk eines jeden wird offenbar werden; jener Tag wird es sichtbar machen, weil es im Feuer offenbart wird. Das Feuer wird prüfen, was das Werk eines jeden taugt."
1 Kor 3,12.13

Feuer vernichtet
„Ihr dürft nichts bis zum Morgen übriglassen. Wenn aber am Morgen noch etwas übrig ist, dann verbrennt es im Feuer!"
2 Mose 12,10

„Schon hält er die Schaufel in der Hand; er wird die Spreu vom Weizen trennen und den Weizen in seine Scheune bringen; die Spreu aber wird er in nie erlöschendem Feuer verbrennen."
Mt 3,12

Gefahren des Feuers
„Breitet sich das Feuer aus, erfaßt es eine Dornenhecke und vernichtet einen Getreidehaufen, auf dem Halm stehendes Getreide oder ein Feld, dann soll der für den Brand Verantwortliche den Schaden ersetzen."
2 Mose 22,5

„Ein kleiner Funke setzt einen ganzen Wald in Brand. Mit einem solchen Feuer läßt sich auch die Zunge vergleichen. Sie kann eine ganze Welt voller Ungerechtigkeit und Bosheit sein..." (Hoffnung für alle)
Jak 3,5b.6a

Wunderbarer Schutz vor Feuer
„Wenn du durchs Wasser schreitest, bin ich bei dir... Wenn du durchs Feuer gehst, wirst du nicht versengt, keine Flamme wird dich verbrennen."
Jes 43,2

Gott wird mit Feuer verglichen
„Die Erscheinung der Herrlichkeit des Herrn auf dem Gipfel des Berges zeigte sich vor den Augen der Israeliten wie verzehrendes Feuer."
2 Mose 24,17

Gottes Reaktion auf Davids Schrei nach Hilfe: „Rauch stieg aus seiner Nase auf, aus seinem Mund kam verzehrendes Feuer, glühende Kohlen sprühten aus von ihm."
2 Sam 22,9

„Ist nicht mein Wort wie Feuer und wie ein Hammer, der Felsen zerschmettert?"
Jer 23,29

„...wenn Jesus, der Herr, sich vom Himmel her offenbart mit seinen mächtigen Engeln in loderndem Feuer."
2 Thess 1,7b

„Denn der Herr, dein Gott, ist verzehrendes Feuer. Er ist ein eifersüchtiger Gott."
5 Mose 4,24

WEITERE THEMENVORSCHLÄGE

- Feuer
- Brennstoffe
- Nebenprodukte des Feuers
- Feuerschutz

Gott, unser Vater, ist der große und allmächtige Gott, der einzig wahre Gott

V-11

BIBELTHEMA: Die drei Männer im Feuerofen

Die Situation spitzte sich zu. Ovationen der Verehrung für das mächtige, goldene Standbild des Königs, ein vor Zorn tobender, egozentrischer Herrscher und ein glühender, mannshoher Feuerofen, der siebenmal heißer geschürt worden war als je zuvor für einen Nicht-Konformisten. Trotzdem weigerten sich drei mutige hebräische Männer, das Götzenbild anzubeten. Warum? Sie wußten, daß ihr Gott sie aus dem Feuer retten konnte, und selbst wenn er es nicht tun würde, wollten sie dem falschen Gott nicht dienen. Was sie erlebten, bezeugt die Macht des allmächtigen, des einen wahren Gottes, der es ihnen ermöglichte, ohne den geringsten Rauchschaden aus dem Ofen herauszusteigen!

ZIELE

- Die Kinder lernen die Geschichte von den drei Männern im Feuerofen kennen.
- Die Erzählung von Gottes Größe und Macht soll die Kinder innerlich stärken und ermutigen.

MATERIAL

- Bibel: Dan 3
- Bücher und Gegenstände, die die Geschichte von den drei Männern im Feuerofen darstellen
- Pappfiguren, Ofen (s. Illustration)
- Musikinstrumente

1. EINHEIT

Gott war mit den drei Männern! – Er ging sogar mit ihnen durch den Feuerofen

Man erzählt die biblische Geschichte mit eigenen Worten und kann z. B. mit Pappfiguren und einem „Ofen" die Situation anschaulich gestalten. Wichtig ist zu betonen, daß Gott der große, allmächtige Gott ist, der einzige, der die Männer aus dem Feuer retten konnte.

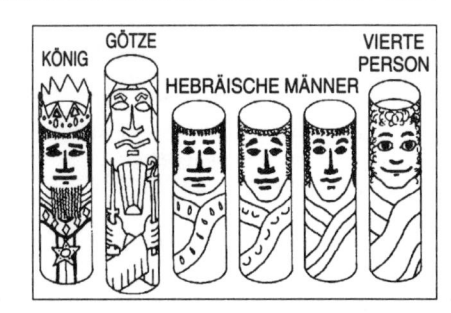

2. EINHEIT

Die drei Hebräer beteten den einen, wahren Gott an

Die Geschichte wird auf andere Art noch einmal erzählt. Dabei betont man, daß die drei Männer sich dazu entschieden hatten, den wahren Gott anzubeten und sich nicht vor dem Götzen zu beugen.

Noch einmal: Gott ist der einzige, wahre Gott, der jeden retten kann.

3. EINHEIT

Gott ist groß und mächtig, Menschen aber nicht

Die Geschichte wird wieder auf andere Weise veranschaulicht und dabei die Tatsache hervorgehoben, daß Sadrach, Mesach und Abednego keine außergewöhnlichen Menschen waren. (Ebenso der König, wenngleich er wünschte, die Leute hielten ihn für außergewöhnlich!) Vielmehr hat Gott, indem er mit den Hebräern durch das Feuer ging und sie vor dem Tod bewahrte, bewiesen, daß er der einzige, wahre Gott ist.

4. EINHEIT

Sadrach, Mesach und Abednego weigerten sich, falsche Götter anzubeten

Jetzt erzählen die Kinder selbst die Geschichte. Es ist dabei eine Hilfe, wenn Sie die Hauptpunkte der Geschichte auf ein großes Blatt Papier zeichnen oder malen. Der Kontrast zwischen den vielen Menschen, die sich in Anbetung vor dem Götzen neigen, und den drei hebräischen Männern, die aufrecht stehenbleiben, soll auffallen.

5. EINHEIT

Gott ist groß und mächtig

Viel Spaß bei der gemeinsamen Darstellung der Geschichte mit den Figuren aus der ersten Einheit! An entsprechender Stelle können die Kinder die Szene mit Musikinstrumenten beleben.

Unvergleichlich...
Cecily, 3 Jahre, singt für ihren Papa: „Mein Gott ist so groß, so stark und so mächtig..." Mitten im Lied hält sie inne und fragt: „Papa, du auch?!"
Linda Black, Hongkong

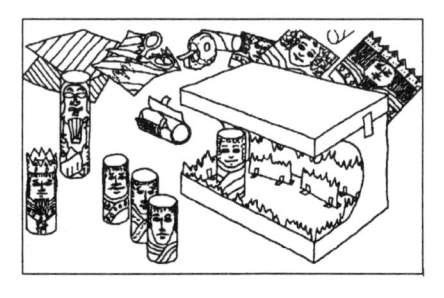

Gott, unser Vater, ist der große und allmächtige Gott, der einzig wahre Gott

V-11

GEBET: Fürbitte für die Menschen, die den einen, wahren Gott nicht kennen

In unserer Welt gibt es ganze Nationen und Volksgruppen, die von Menschen gemachte, falsche Götter anbeten. Wie muß es Gottes Herz schmerzen, wenn er sieht, daß seine Geschöpfe sich vor den Werken ihrer eigenen Hände beugen! Diese Götter können weder hören noch sehen noch die Gebete, die an sie gerichtet sind, beantworten. In dem Maß, wie wir Gottes Perspektive verstehen, können wir für diese Menschen beten, daß sie ihn kennenlernen – den einen, wahren Gott.

ZIELE

- Die Kinder sollen angeleitet werden, für Volksgruppen, die falsche Götter verehren, zu beten, daß diese den einen, wahren Gott kennenlernen.

MATERIAL

- Materialien und Bilder von Völkergruppen, die falsche Götter verehren
- Bilder von Dingen, die angebetet werden (Götter, Geld, Gegenstände, Menschen)
- Globus oder Weltkarte

1. EINHEIT

Gebet für eine Volksgruppe, die noch nie etwas von Gott gehört hat
Die Kinder erfahren, daß nicht jeder Mensch Gott, unseren Vater, kennt. Einige haben sogar noch nie etwas von ihm gehört. Anhand von Bildern wird eine solche Volksgruppe vorgestellt. Zusammen mit den Kinder betet man, daß diese Menschen von dem einen, wahren Gott hören und ihn persönlich kennenlernen.

2. EINHEIT

Gebet für die Menschen, die nicht den einen, wahren Gott anbeten
Den Kindern wird eine weitere Volksgruppe vorgestellt. Sie werden daran erinnert, wie sehr Gott diese Menschen liebt und möchte, daß sie ihn kennenlernen! Dann leitet der Erzieher die Kinder im Gebet für diese Menschen.

3. EINHEIT

Gebet für Menschen, die falsche Götter anbeten
Anhand von Bildern und einem Globus/ einer Weltkarte stellt man eine weitere Volksgruppe vor, die falsche Götter statt des einen, wahren Gottes anbetet. Unter Anleitung beten die Kinder darum, daß Gott diesen Menschen den Weg ebnet, daß sie ihn, den einen, wahren Gott kennenlernen und anbeten.

4. EINHEIT

Gebet für Menschen in unserer direkten Umgebung, die falsche Götter anbeten
Auch in unserer eigenen Nachbarschaft oder Gegend gibt es Menschen, die Gott, unseren Vater, nicht kennen und deshalb andere Götter anbeten (z. B. Geld, Menschen und Dinge). Dieser Bereich muß mit Feingefühl angesprochen werden, damit die Kinder nicht in eine richtende Haltung verfallen. Die Betonung im Gebet liegt darauf, daß Menschen die Gelegenheit bekommen, Gott, unseren Vater, kennenzulernen und die falschen Götter beiseite zu legen.

5. EINHEIT

Rückblick
Wiederholung dessen, was in den vorhergehenden Einheiten gebetet wurde. Die Kinder werden angeleitet, dafür zu beten, daß Gott viele Menschen an diese Orte sendet, um von seiner Liebe zu erzählen. Man kann eine Karte, den Globus und Bilder als Hilfsmittel für das Gebet benutzen.

Gott, unser Vater, ist der große und allmächtige Gott, der einzig wahre Gott

V-11

BEZUG ZUM ALLTAG DES KINDES: Götter von Menschenhand, gemacht aus Holz, Stein, Metall und Papier

Eines Morgens, als ich meinen Gebetsspaziergang mit dem Herrn machte, bemerkte ich eine liebe Chinesin, die im Dauerlauf auf mich zukam. Als sie an einen behelfsmäßigen Altar des „Gottes der Erde" kam, wurde sie langsamer und kam zum Stehen, verbeugte sich wiederholt mit aneinandergelegten Händen, zündete ein Räucherstäbchen an (um den furchtbaren Zorn des Gottes zu besänftigen) und nahm daraufhin ihren Lauf wieder auf. Sie wußte nicht, daß dieser Gott weder hören noch sehen noch antworten kann – er lebt nicht.
Barb Nizza, Erinnerungen aus Hongkong

Die folgenden Einheiten zeigen den Gegensatz zwischen verschiedenen falschen Göttern und dem einen, wahren Gott auf.

ZIELE

- Die Kinder lernen, falsche Götter als solche zu erkennen.
- Sie sollen den Gegensatz zwischen falschen Göttern und unserem Schöpfergott erkennen.

MATERIAL

- Bilder von Anbetungsobjekten
- Geld, Spielzeugautos, Kleidung, Schmuck etc.
- Metallstücke, Steine oder Holz

ANMERKUNG: Wenn Sie offensichtliche Aspekte des Reiches der Finsternis bloßstellen, vergessen Sie nicht, die schützende Waffenrüstung Gottes anzuziehen, die er uns zum Sieg gegen den Feind gegeben hat. Bitten Sie um Schutz für den ganzen Kindergarten (s. Eph 6).

1. EINHEIT

Was ist Götzenverehrung?
Die Kinder werden daran erinnert, daß wir geschaffen wurden, um Gott, der uns gemacht hat, zu kennen und anzubeten. Wenn Menschen anderen Dingen vertrauen und sie anbeten, nennt man das Götzenverehrung. Man vermittelt den Kindern, was Gott in seinem Wort, der Bibel, über Götzenverehrung sagt (s. Bibelstellen zu „Persönliches Bibelstudium"). Man kann Bilder von Anbetungsobjekten des Menschen zeigen und jeweils fragen: „Ist das der eine, wahre Gott?" „Wer ist der eine, wahre Gott?" Gott, unser Vater!

2. EINHEIT

Von Menschen hergestellte Götter aus Holz, Stein und Metall
Man bezieht sich in dieser Einheit auf die biblische Geschichte, um das Gespräch auf die Götzen aus Holz, Stein und Metall zu bringen. Die Kinder bekommen ein Stück Holz oder Metall zum Anfassen und denken dabei über eine Reihe von Fragen nach, die den Gegensatz zu Gott, unserem Vater, deutlich machen. Z. B.: Kann dieses Stück Holz/Stein/Metall dich sehen? Kann es dich hören, wenn du zu ihm sprichst? Hilft es dir, wenn du in Schwierigkeiten bist? Versteht es, wie du dich fühlst? Weiß es, was das Beste für dich ist? Liebt es dich?

3. EINHEIT

Menschen, die angebetet wurden
Man zeigt ein Bild von einer Person, die Menschen aufgefordert hat, ihr zu folgen und zu vertrauen anstatt Gott, unserem Vater. Das kann entweder eine noch lebende Person sein oder jemand, der schon tot ist und eine Anhängerschar hinterlassen hat, die behauptet, er sei Gott. Man kann die Fragen aus der zweiten Einheit nehmen und sie auf diese Person anwenden.

4. EINHEIT

Dinge, die für uns wichtiger werden können als Gott
Man könnte den Kindern Geld in der Landeswährung und andere Dinge zeigen, die in den Herzen der Menschen häufig wichtiger werden als der lebendige Gott. Dann lassen sich wiederum die Fragen aus der zweiten Einheit verwenden, um diese Dinge in Kontrast zu Gott, unserem Vater, zu stellen.

5. EINHEIT

Warum ist Gott gegen Götzenverehrung?
Man streift noch einmal die falschen Götter, die in dieser Einheit vorgestellt wurden und ermutigt die Kinder aufzuzählen, was diese Götzen alles nicht können. Welch ein Gegensatz dazu ist Gott, unser Vater! Nur er kann unsere wahren Bedürfnisse stillen und uns vorbehaltlos liebhaben. Abschließend danken wir Gott, unserem Vater, daß er lebendig ist und sagen ihm, daß wir ihn gern anbeten.

Gott, unser Vater, ist der große und allmächtige Gott, der einzig wahre Gott

V-11

SCHÖPFUNGSTHEMA: Feuer

Kinder legen eine bemerkenswerte Neugier an den Tag, wenn sie Feuer sehen. Es leuchtet, es bewegt sich, es ist warm, und es knackt. Wie kommt das...? Diese Einheiten zielen darauf hin, den Kindern einige Eigenschaften des Feuers nahezubringen und ihnen einen gesunden Respekt vor seiner vernichtenden Kraft einzuflößen, aber auch seinen Nutzen aufzuzeigen.

ZIELE
- Das Bewußtsein wird gefestigt, daß Gott unser Schöpfer ist.
- Die Kinder sollen lernen, wie Feuer gemacht wird, welchen Nutzen und welche Gefahren es birgt.
- Sie sollen einen gesunden Respekt vor Feuer entwickeln und lernen, wie sie sich im Falle eines Feuers zu verhalten haben.

MATERIAL
- Schöpfungsgeschichte
- Bilder von Feuer, Feuerstellen, Lagerfeuern, Feuerwerken
- Kohle, Holz, Öl, Benzin, Brennspiritus
- Gaskocher (wenn möglich)
- Kerze und Streichhölzer
- Glas
- Schüssel mit gefärbtem Wasser
- Ein Stück Papier
- Eier zum Kochen
- Watte, in Brennspiritus getaucht
- als Spielzeug: ein Feuerwehrhelm, Ausrüstung, Feuerwehrwagen etc.

VORSICHT: Wenn Sie während der Einheiten Feuer verwenden, vergewissern Sie sich, daß die Kinder in sicherer Entfernung sitzen. Betonen Sie, daß diese Experimente nicht von Kindern allein durchgeführt werden dürfen. Experimentieren Sie nur, wenn Sie spüren, daß die Kinder mit den Informationen verantwortungsbewußt umgehen.

1. EINHEIT

Feuer braucht Sauerstoff, Brennstoff und Hitze

Anhand von Bildern wird die Schöpfungsgeschichte wiederholt und die Kinder dabei so viel wie möglich mit einbezogen. Man zeigt Bilder von Feuer und erklärt, daß es Hitze, Brennstoff und Luft (bzw. Sauerstoff) braucht. Was Brennstoff ist, erklärt man mit Hilfe von Kohle, Holz, Öl, Brennspiritus und Gas. Folgendes Experiment demonstriert, daß eine Flamme Sauerstoff braucht:

1. Experiment: Eine brennende Kerze mit einem Glas bedecken. Eine Flamme ohne Sauerstoff erstickt.

2. EINHEIT

Feuer braucht Hitze

Die Kinder wiederholen, was für ein Feuer nötig ist und nehmen nochmal ein Stück Kohle oder Holz in die Hand. Man spricht über die besondere Bedeutung der Umgebungsluft. Wenn die Luft um ein Stück Holz herum sehr heiß wäre, würde es, wie in einem Ofen oder an einem Feuerplatz, anfangen zu brennen. Man kann auch mit den Kindern darüber reden, wie sich ein Feuer ausbreitet und wie die Hitze steigt.

2. Experiment: Ein Stück Papier etwa 10 cm über eine Kerze halten. Das Papier fängt an zu brennen, ohne in die Flamme zu kommen – einfach, weil die Luft heiß genug ist.

3. EINHEIT

Verwendung von Feuer

Man spricht darüber, daß wir Feuer als Licht- und Wärmequelle und zum Erhitzen beim Kochen benutzen können. Licht kann durch eine brennende Kerze in einem dunklen Raum oder durch Bilder von einem Feuerwerk veranschaulicht werden. Wärme kann durch Bilder von einer Feuerstelle oder von einem Lagerfeuer nahegebracht werden, Kochen durch Eierkochen auf einem Gaskocher. Zum Abschluß dürfen die Kinder die Eier essen.

3. Experiment: Ein Stück Watte in Brennspiritus tauchen und vorsichtig anzünden. Solange das Feuer sich vom Brennspiritus ernährt, wird die Watte nicht verbrennen.

4. EINHEIT

„Ich möchte ein Feuerwehrmann sein!"

Wie wäre es mit einem Besuch bei der lokalen Feuerwehr oder der Einladung eines Feuerwehrmanns, der den Kindern von seiner Arbeit erzählt?

5. EINHEIT

Feueralarm

Gefährlich kann das Spiel mit Feuer sein oder das zu nahe Herankommen an Feuer daheim oder anderswo! Es empfiehlt sich, den Kindern zu erklären, wie man sich im Falle eines Brandes angemessen verhält. Auch ist es ratsam, Feueralarm und richtiges Reagieren mit den Kindern zu üben.

Gott, unser Vater, ist vertrauenswürdig

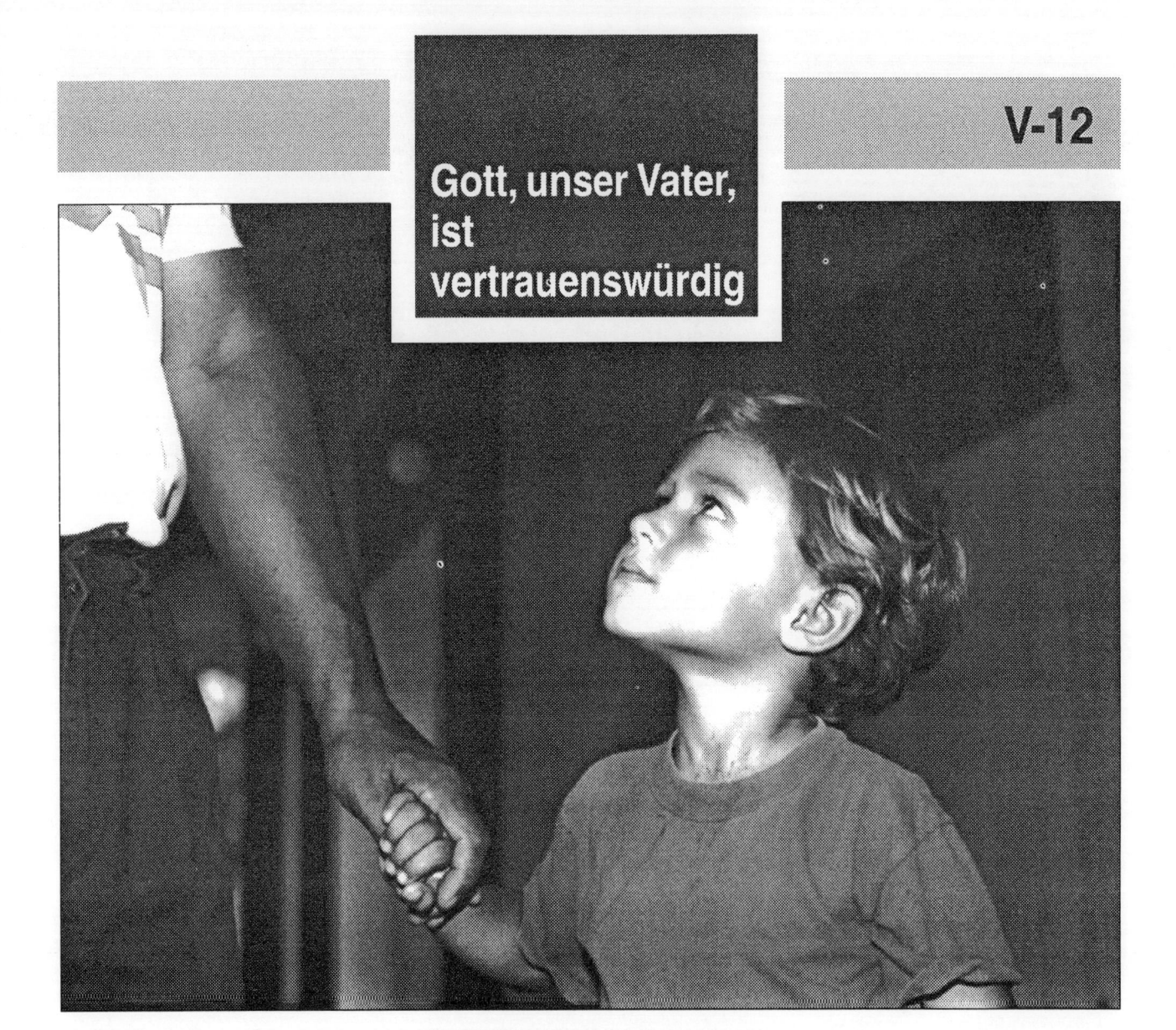

V-12

„Daniel, Knecht des lebendigen Gottes, hat dein Gott, dem du ohne Unterlaß dienst, dich von den Löwen erretten können?", rief der König mit trauriger Stimme.

Aus der dunklen Grube kam ohne Zögern die zuversichtliche Antwort: „O König, mögest du ewig leben! Mein Gott hat seinen Engel gesandt und den Rachen der Löwen verschlossen."

Die Kraft Gottes ist viel größer als der Rachen des wildesten, hungrigsten Löwen. Manchmal befinden wir uns, genau wie Daniel, in gefährlichen oder beängstigenden Situationen. Wenn wir unser Vertrauen auf Gott setzen, kann er uns bewahren - inmitten von Gefahren. Für Kinder ist dies eine beruhigende Botschaft, die ihnen hilft, realen und eingebildeten Ängsten entgegenzutreten.

Gott, unser Vater, ist vertrauenswürdig

V-12

NOTIZEN

MERKVERS

„Ein fester Turm ist der Name des Herrn; zu ihm läuft der Gerechte und ist in Sicherheit."
(Rev. Elberfelder Bibel)
Spr 18,10

LIED ZUM THEMA

Gott, unser Vater, ist vertrauenswürdig

V-12

BIBELTHEMA: Daniel in der Löwengrube

GEBET: Fürbitte für Christen in gefährlichen Situationen

BEZUG ZUM ALLTAG DES KINDES: Menschen, die auf Gott vertrauen

SCHÖPFUNGSTHEMA: Löwen

IDEEN FÜR DIE PINNWAND

Dschungel
Gebastelt werden Bäume und Löwen aus Buntpapier, Kletterpflanzen aus gedrehtem Krepp-Papier, die Löwenmähne aus Wolle.

BASTELIDEEN ZUM SCHÖPFUNGSTHEMA

Handpuppen aus Papiertüten
Die Kinder malen die Umrisse eines Löwenkopfes auf Papier und schneiden ihn aus. Papiertüte am Boden so eindrücken, daß ein Maul entsteht. Die obere Hälfte des Löwenkopfes auf das Tütenmaul, die untere auf die andere Seite der Tüte kleben. Schwarze Pfeifenputzer ergeben einen ansehnlichen Backenbart.

ANREGUNG FÜR DIE ELTERN

Mutprobe: Lassen Sie sich von Ihrem Kind die Augen verbinden und spazierenführen. Danach führen Sie Ihr Kind. Dies kann eine eindrückliche Illustration zum Thema ‚vertrauen' sein.

PERSÖNLICHES BIBELSTUDIUM

BIBELTHEMA

Biblische Schlüsselstelle: Daniel 6

Ist Gott vertrauenswürdig – auch in angstmachenden Situationen?

In Schwierigkeiten? „Die dann in ihrer Bedrängnis schrien zum Herrn, die er ihren Ängsten entriß - er machte aus dem Sturm ein Säuseln, so daß die Wogen des Meeres schwiegen."
Ps 107,28.29

In Zeiten des Unheils? „Er entriß mich meinen mächtigen Feinden, die stärker waren als ich und mich haßten. Sie überfielen mich am Tag meines Unheils, doch der Herr wurde mein Halt."
Ps 18,18.19

In Schrecken? „Du brauchst dich vor jähem Erschrecken nicht zu fürchten noch vor dem Verderben, das über die Frevler kommt. Der Herr wird deine Zuversicht sein, er bewahrt deinen Fuß vor der Schlinge."
Spr 3,25.26

Im Angesicht des Bösen? „Muß ich auch wandern in finsterer Schlucht, ich fürchte kein Unheil; denn du bist bei mir, dein Stock und dein Stab geben mir Zuversicht."
Ps 23,4

Gibt es eine Zuflucht, einen sicheren Platz?

„Ich aber besinge deine Macht, frühmorgens rühme ich deine Güte; denn du bewahrst mich wie in einer Burg, bei dir finde ich Zuflucht in Zeiten der Not." (Gute Nachricht)
Ps 59,17

„Ich sage zum Herrn: Meine Zuflucht und meine Burg, mein Gott, ich vertraue auf ihn!" (Rev. Elberfelder Bibel)
Ps 91,2

Gott, unser Vater, ist vertrauenswürdig

„Gut ist der Herr, eine feste Burg am Tag der Not. Er kennt alle, die Schutz suchen bei ihm."
Nah 1,7

„Da antwortete der Herr: ‚Ich werde dich bewahren und dafür sorgen, daß alles für dich ein gutes Ende nimmt... Deine Verfolger werden in Not und Bedrängnis geraten und dich anflehen.'" (Hoffnung für alle)
Jer 15,11

Gibt es jemanden, der mir in meiner Not wirklich helfen kann?

„Gott ist uns Zuflucht und Stärke, ein bewährter Helfer in allen Nöten."
Ps 46,2

„Herr, wenn du mir nicht geholfen hättest, dann wäre ich längst für immer verstummt. Wenn ich dachte: ‚Nun stürze ich!', hast du mich mit deiner Güte gestützt. Wenn mir das Herz schwer war von tausend Sorgen, hat mich dein Trost wieder froh gemacht." (Gute Nachricht)
Ps 94,17-19

„Sie stießen mich hart, sie wollten mich stürzen; der Herr aber hat mir geholfen."
Ps 118,13

„Darum dürfen wir zuversichtlich sagen: Der Herr ist mein Helfer, ich fürchte mich nicht. Was können Menschen mir antun?"
Hebr 13,6

Ich kann mein Vertrauen auf den Herrn setzen

„Beschütze mich, Gott, denn dir vertraue ich!" (Hoffnung für alle)
Ps 16,1

„Er wird mich bergen in seiner Hütte am Tag des Unheils, er wird mich verbergen im Versteck seines Zeltes; auf einen Felsen wird er mich heben." (Rev. Elberfelder Bibel)
Ps 27,5

„Der Herr wird dich behüten vor allem Unheil, er wird dein Leben behüten. Der Herr wird deinen Ausgang und deinen Eingang behüten von nun an bis in Ewigkeit." (Rev. Elberfelder Bibel)
Ps 121,7.8

Ich kann mich seinem Schutz anvertrauen

„Du bist mein Schutz, bewahrst mich vor Not; du rettest mich und hüllst mich in Jubel."
Ps 32,7

„Er rettet dich aus der Schlinge des Jägers und aus allem Verderben. Er beschirmt dich mit seinen Flügeln, unter seinen Schwingen findest du Zuflucht, Schild und Schutz ist dir seine Treue."
Ps 91,3.4

„Erbarm dich, Gott, hab Erbarmen mit mir! Bei dir suche ich Zuflucht, im Schutz deiner Flügel will ich mich bergen, bis das Unglück vorüber ist." (Gute Nachricht)
Ps 57,2

ANMERKUNG: Lesen und meditieren Sie über den gesamten Psalm 91 bezüglich Gottes Hilfe und Schutz. „Waschen" Sie Ihre Gedanken mit dieser Wahrheit und ermutigen Sie ihr Herz damit!

Sollen wir Gott um Schutz für seine Leute bitten, die sich in gefährlichen Situationen befinden?

„Heiliger Vater, bewahre sie in deinem Namen, den du mir gegeben hast, damit sie eins sind wie wir. Ich bitte nicht, daß du sie aus der Welt nimmst, sondern daß du sie vor dem Bösen bewahrst."
Joh 17,11b.15

ANMERKUNG: Das ist Jesu Gebet für uns! Er geht als Beispiel voran und betet für unseren Schutz – vor dem Bösen.

„Petrus wurde also im Gefängnis bewacht. Die Gemeinde aber betete inständig für ihn zu Gott. Plötzlich trat ein Engel des Herrn ein, und ein helles Licht strahlte in den Raum. Er stieß Petrus in die Seite, weckte ihn und sagte: Schnell, steh auf! Da fielen die Ketten von seinen Händen."
Apg 12,5.7

„Denn ich weiß: Das wird zu meiner Rettung führen durch euer Gebet und durch die Hilfe des Geistes Jesu Christi (schreibt Paulus im Gefängnis)."
Phil 1,19

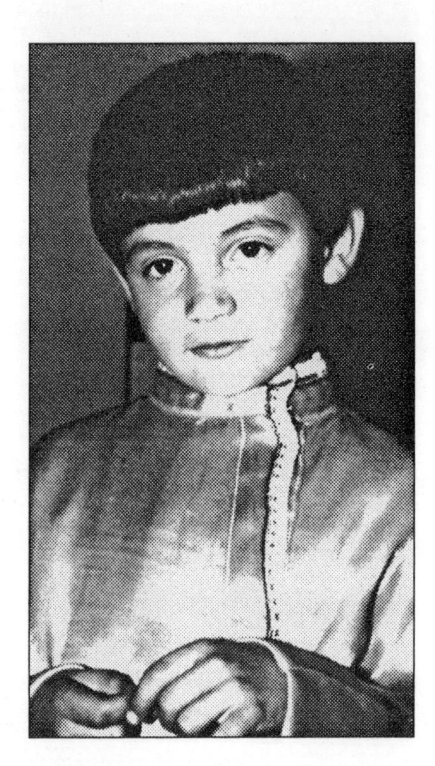

SCHÖPFUNGSTHEMA: Löwen

Der Löwe ist der König der Tiere

„Drei sind es, die stattlich schreiten, und vier, die stattlich einhergehen: Der Löwe, der Held unter den Tieren, der vor niemandem kehrtmacht..." (Rev. Elberfelder Bibel)
Spr 30,29.30

Löwen - in der Bibel erwähnt

„Des Löwen Brüllen, des Leuen Knurren, des Junglöwen Zähne..."
Hiob 4,10

„Löwen brüllen über ihm, brüllen laut und verwüsten sein Land..." (Lutherbibel 1984)
Jer 2,15a

„Sie haben ihr Maul gegen mich aufgesperrt, wie ein Löwe, reißend und brüllend." (Rev. Elberfelder Bibel)
Ps 22,14

„Die Überlebenden aus den Nachkommen Jakobs sind inmitten der Völker wie der Löwe unter den Tieren des Waldes, wie ein junger Löwe mitten in einer Schafherde. Er wirft zu Boden und zerfleischt, was in seine Fänge kommt, und niemand kann ihm etwas entreißen." (Gute Nachricht)
Mich 5,7

„David sagte zu Saul: Dein Knecht hat für seinen Vater die Schafe gehütet. Wenn ein Löwe oder ein Bär kam und ein Lamm aus der Herde wegschleppte, lief ich hinter ihm her, schlug auf ihn ein und riß das Tier aus seinem Maul. Und wenn er sich dann gegen mich aufrichtete, packte ich ihn an der Mähne und schlug ihn tot."
1 Sam 17,34.35

Löwen legen sich auf die Lauer, um Beute zu schlagen

„Er lauert im Versteck wie ein Löwe im Dickicht, er lauert, um den Elenden zu fangen; er fängt den Elenden, indem er ihn in sein Netz zieht." (Rev. Elberfelder Bibel)
Ps 10,9

„Brüllt der Löwe im Wald, wenn er kein Tier reißen will? Knurrt ein junger Löwe in seinem Versteck, ohne daß er etwas erbeutet hat?" (Hoffnung für alle)
Am 3,4

HABEN SIE DAS GEWUSST...?
Löwen sind in ihrer Reaktion dreimal so schnell wie Menschen. Sie können bei einer Mahlzeit eine Menge von bis zu einem Drittel ihres Körpergewichts fressen. Und ihr Brüllen ist so laut, daß man es acht Kilometer weit hören kann!

Analogien zum Löwen

Der Gerechte. „Der Frevler flieht, auch wenn ihn keiner verfolgt, der Gerechte fühlt sich sicher wie ein Löwe."
Spr 28,1

Der König. „Wie das Knurren des Löwen ist der Grimm des Königs; wer ihn erzürnt, verwirkt sein Leben."
Spr 20,2

Meine Feinde. „Damit mir niemand wie ein Löwe das Leben raubt, mich zerreißt, und keiner ist da, der mich rettet."
Ps 7,3

Der Teufel. „Euer Widersacher, der Teufel, geht wie ein brüllender Löwe umher und sucht, wen er verschlingen kann. Leistet ihm Widerstand in der Kraft des Glaubens!"
1 Petr 5,8.9a

Israel. „Mein Sohn (Juda), du gleichst dem jungen Löwen, der niemals leer vom Raubzug heimkehrt: Er legt sich neben seine Beute, und keiner wagt, ihn aufzustören." (Gute Nachricht)
1 Mose 49,9

Gott vergleicht sich mit einem Löwen

„Denn ich bin wie ein Löwe für Ephraim und wie ein Junglöwe für das Haus Juda. Ich, ich zerreiße und gehe davon; ich trage weg, und niemand errettet." (Rev. Elberfelder Bibel)
Hos 5,14

„Weine nicht! Gesiegt hat der Löwe aus dem Stamm Juda, der Sproß aus der Wurzel Davids."
Offb 5,5

WEITERE THEMENVORSCHLÄGE

- Löwen
- Wildkatzen und Hauskatzen
- die Löwenfamilie
- Aufzucht der Jungen
- Jagdgewohnheiten des Löwen
- Heimatregionen von 65Löwen

Gott, unser Vater, ist vertrauenswürdig

V-12

BIBELTHEMA: Daniel in der Löwengrube

Daniels Begegnung mit den Löwen barg wahrscheinlich jede nur vorstellbare Form von Angst und Schrecken in sich. Das waren hungrige Bestien, die nach Menschenfleisch gelüstete. Die Löwengrube war völlig dunkel, die Luft schwer, und wahrscheinlich wäre jeder andere aus Angst vor dem Unbekannten erstarrt. Doch Daniel kannte einen treuen Gott, einen, dem man vertrauen kann, der aus Gefahr retten und schützen kann. Daniel wurde den hungrigen Löwen vorgeworfen, aber Gott schickte einen Engel, um den Löwen das Maul zu verschließen und Daniels Leben zu retten!

ZIELE

- Die Kinder lernen den biblischen Bericht über Daniels Erlebnis in der Löwengrube kennen.
- Durch diese biblische Geschichte soll veranschaulicht werden, wie Gott Daniel, der ihm vertraute, geholfen hat.

MATERIAL

- Bibel: Dan 6
- verschiedene Quellen, die die Geschichte von Daniel in der Löwengrube erzählen
- Requisiten, um die Geschichte als Rollenspiel darzustellen
- Papierbogen, um die Geschichte bildlich darzustellen

1. EINHEIT

Daniel vertraut Gott
Man erzählt die Geschichte von Daniel und hebt hervor, wie fest er auf Gott vertraute. Auch als ein schlechtes Gesetz erlassen wurde, das den Menschen verbot zu beten, gehorchte Daniel Gott und betete weiter im Vertrauen auf ihn. Und am Ende der Geschichte wurde das schlechte Gesetz geändert!

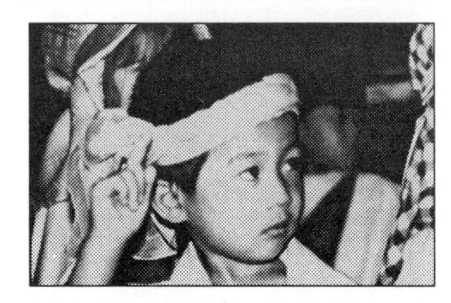

2. EINHEIT

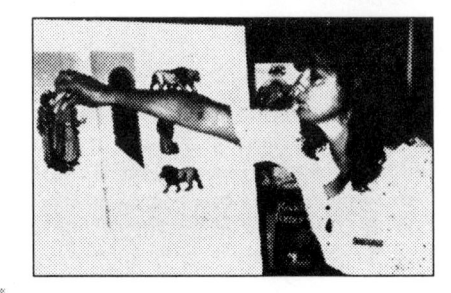

Gott war mit Daniel
Die Geschichte wird nach einer anderen Vorlage nochmals erzählt und Gewicht darauf gelegt, daß Daniel sich, auch angesichts drohender Gefahr, nicht von Angst einfangen und beherrschen ließ. Er wußte, daß Gott ihn retten konnte.

3. EINHEIT

Daniel in der Löwengrube
Beim erneuten Erzählen der Geschichte liegt der Schwerpunkt auf Daniels Nacht in der Grube und dagegen des Königs schlaflose Nacht im Palast. Es wird aufgezeigt, daß Daniel keine Flucht plante oder der Gefahr ausweichen wollte, sondern sich voller Vertrauen an Gott wandte und ihn um Hilfe bat.

4. EINHEIT

Der König setzt sein Vertrauen auf Gott
Legen Sie diesmal den Schwerpunkt auf die Reaktion des Königs, als er Daniel unversehrt findet: Er erläßt einen Befehl, daß alle Männer und Frauen seines Königreiches Gott, unseren Vater, verehren sollen.

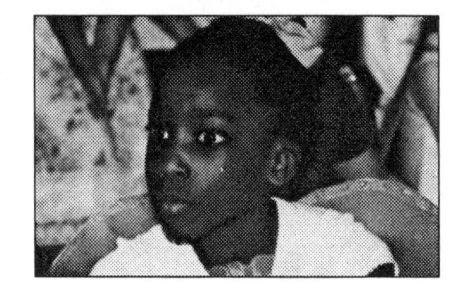

5. EINHEIT

Der Gott Daniels ist vertrauenswürdig
Nun können die Kinder selbst die Geschichte erzählen und auf einen großen Bogen Papier Bilder dazu malen. Was sagt die Geschichte uns über Gott, unseren Vater? Möglich wäre auch, die Geschichte nachzuspielen mit vielen Darstellern: Daniel, die babylonischen Fürsten, der König, die Löwen, die unsichtbaren Engel... Wichtig ist, noch einmal hervorzuheben, daß Gott vertrauenswürdig ist.

Gott, unser Vater, ist vertrauenswürdig

V-12

GEBET: Fürbitte für Christen in gefährlichen Situationen

Viele Christen weltweit leben an gefährlichen Orten, wo sie von Verfolgung und Gefangennahme, Kriegsunruhen und tödlichen Krankheiten bedroht werden. In den folgenden Einheiten werden die Kinder dazu ermutigt, für die Sicherheit dieser Menschen zu beten. Sie brauchen ständig neu die Gewißheit, daß Gott immer mit seinen Freunden ist, egal, wo er sie hinsendet. Gott, unserem Vater, zu gehorchen, schafft höchste Sicherheit.

ZIELE

- Die Kinder sollen angeleitet werden, für Christen zu beten, die an unsicheren Orten leben.
- Die Gewißheit soll gestärkt werden, daß Gott gehorchen größtmögliche Sicherheit schafft.

MATERIAL

- Bilder von Menschen, für die Sie beten möchten
- Bilder von deren Umgebung
- Weltkarte oder Globus
- Papier, um die Gebete aufzuschreiben

1.– 5. EINHEIT

Gebet für Menschen in potentiell gefährlichen Lebensumständen

Hier können Sie für jede Einheit eine andere Person oder Familie auswählen, die in einem unsicheren oder gefährlichen Teil der Welt Gott dient. Von diesen Personen sollten den Kindern ein paar bekannt sein. Geschichten und Berichte aus erster Hand über den Dienst der Personen und ihr Umfeld erhöhen die Motivation zur Fürbitte. Auch Fotos sind hilfreich. Es ist ratsam, den Kindern die Situation, für die gebetet werden soll, angemessen zu erklären. Es ist immer gut, am Anfang einer Fürbitte Gott zu bitten, daß er uns seine Gebete für die Menschen und ihre Situationen gibt. Jede Fürbittezeit ist ermutigend, weil wir mit Gott, unserem vertrauenswürdigen Vater, in Kontakt sind. Vielleicht möchten die Kinder der Person, für die sie gebetet haben, gemeinsam einen Brief schreiben. Die Fürbitte und Gottes Antwort kann auf einfache Weise schriftlich festgehalten werden.

Person/Ort	Gebet	Antwort
1.		
2.		
3.		
4.		
5.		

Gott, unser Vater, ist vertrauenswürdig

V-12

BEZUG ZUM ALLTAG DES KINDES: Menschen, die auf Gott vertrauen

Die Furcht, die eine Person – ob groß oder klein – erfaßt, wenn sie mit einem Trauma konfrontiert wird, läßt sich nicht verleugnen. Sie ist ganz real. Vielleicht können Kinder nicht genau identifizieren oder beschreiben, was sie fühlen, wenn sie mit einer beängstigenden Situation konfrontiert werden, aber sie wissen, daß es kein „beglückendes" Gefühl ist. Wenn Kinder hören, wie andere Menschen in bedrohlichen Situationen Gottes Hilfe und Rettung erfahren haben, kann das in ihre Herzen ein festes Vertrauen auf Gott einpflanzen.

ZIELE

- Die Kinder hören konkrete Beispiele von Menschen, die in beängstigenden Situationen auf Gott vertraut haben.
- In den Kindern soll das Bewußtsein wachsen, daß auch sie in wirklich jeder Situation auf Gott vertrauen können.

MATERIAL

- Menschen, die ein persönliches Zeugnis geben können
- Bilder, die deren (oder Ihre persönliche) Geschichte vor Augen führen
- ausgewählte Bibelverse, auf Tafeln oder großen Papierbögen geschrieben (und illustriert)

Wer vertraut wem?
An Vanessas erstem Tag im Kindergarten dreht sie sich zu ihrer Mutter um und erklärt: „Mami, wenn du mich brauchst, dann ruf mich einfach!"
Lynnette Wilson, Hongkong

1. EINHEIT

Gott, unserem Vater, kann ich immer vertrauen
Hier wäre es beeindruckend, ein persönliches Zeugnis zu erzählen, wie man Gott in einer beängstigenden Situation als vertrauenswürdig erlebt hat. Wenn möglich, das Erlebnis mit Bildern oder Gegenständen veranschaulichen.

Sue's Geschichte: Ich hatte immer etwas Angst vor dem Fliegen. Als ich kürzlich wieder ein Flugzeug benutzen musste, betete ich und erzählte Gott von meiner Angst. Vor meinem inneren Auge sah ich dann vier Engel, die am Flugzeug Wache standen, als ich einstieg. Danach hatte ich Frieden - und einen reibungslosen Flug!
Sue Clift, England

2. EINHEIT

Gottes Wort ist vertrauenswürdig
Aus dem „Persönlichen Bibelstudium" wählt man zwei oder drei Bibelstellen, die zum Ausdruck bringen, daß Gott in Not und Gefahr helfen kann. Die Bibelverse können auf große Tafeln oder Papierbögen geschrieben und illustriert werden, um mit den Kindern darüber zu sprechen, was ihnen die Verse sagen.

3. EINHEIT

Gott kann aus schrecklicher Gefahr retten
An dieser Stelle wäre es bereichernd, eine Person einzuladen, die in einem kurzen Erlebnisbericht schildert, wie Gott sie auf wunderbare Weise aus einer Situation gerettet hat, die ein schreckliches Ende hätte nehmen können.

4. EINHEIT

Gott, unser Vater, ist mit uns, wenn wir seinen Wegen folgen
Nochmals könnte eine Person eingeladen werden, kurz davon zu erzählen, wie sie an einem gefährlichen Ort für Gott gearbeitet und wie Gott sie beschützt hat.

5. EINHEIT

Was tun wir, wenn wir Angst haben?
Man führt die Kinder behutsam in ein Gespräch über dieses Thema und ermutigt sie, ihre Ängste ganz ehrlich mitzuteilen. Durch vorsichtiges Nachfragen kann man ihnen dabei ihre Ideen entlocken, was sie tun würden, wenn beängstigende Situationen auftreten. Vielleicht mündet dieses Gespräch in eine Zeit des Trostes und feinfühligen Gebets für die Kinder, die von Ängsten geplagt werden.

Gott, unser Vater, ist vertrauenswürdig

V-12

SCHÖPFUNGSTHEMA: Löwen

In der Bibel wird der Löwe als „mächtig unter den Raubtieren, der vor nichts zurückweicht" beschrieben. Die folgenden Ausführungen beschäftigen sich mit dem „König der Tiere", der Aufzucht seiner Jungen, der Beziehung zu anderen Löwen, der Familienstruktur und äußeren Merkmalen. Vielleicht gibt es eine Möglichkeit, daß die Kinder Löwen aus sicherer Distanz beobachten können!

ZIELE

- Die Kinder sollen sich daran erinnern, daß Gott der Schöpfer ist.
- Sie sollen die Merkmale und den Lebensraum von Löwen kennenlernen.
- Sie lernen den Unterschied zwischen einer Hauskatze und einer Wildkatze erkennen.

MATERIAL

- Schöpfungsgeschichte
- Bilder von Löwen, Löwinnen und ihren Jungen in ihrem natürlichen Lebensraum
- Bilder von Wildkatzen
- Bilder von Hauskatzen
- Großes Bild von einem Löwen
- Video über die Aufzucht von Löwenjungen

1. EINHEIT

Was ist typisch für Löwen?
Die Kinder hören die Schöpfungsgeschichte und dürfen aus der Erinnerung das Geschehen bestimmter Schöpfungstage erzählen. Hervorgehoben wird der 6. Tag, an dem Gott u. a. die Löwen schuf. Bilder von Löwen, Löwinnen und ihren Jungen, dazu interessante Besonderheiten über ihr Verhalten, ihren Lebensraum, ihre Ernährung usw. werden die Kinder begeistern.

2. EINHEIT

Die Familie der Katzen
Man zeigt den Kindern wieder Bilder von Löwen und anderen Wildkatzen und nennt ihre Namen, z. B. Berglöwe, Jaguar, Panther usw. (die Kinder können die Bewegungen dieser Katzen nachahmen). Dann folgen Bilder von Hauskatzen verschiedener Rassen. Schließlich versuchen die Kinder, die Bilder den beiden Kategorien Wildkatzen und Hauskatzen wieder zuzuordnen.

3. EINHEIT

Männliche und weibliche Löwen
Mit Hilfe eines großen Löwenbildes wird über die verschiedenen Körperteile des Löwen gesprochen. Man erwähnt den unterschiedlichen Haarwuchs (Mähne) bei Männchen und Weibchen, das Gebiß, Pfoten und Krallen (um Bäume zu erklimmen), Beine, Rumpf etc. Die äußerlichen Unterschiede von Männchen und Weibchen werden mit Bildern verdeutlicht. Man kann auch über ihr spezielles Rollenverhalten im Rudel sprechen.

4. EINHEIT

Die Aufzucht der Jungen
Hier zeigt man Bilder von Löwinnen mit ihren Jungen und erzählt, was für ihre Aufzucht typisch ist, welche Aufgaben der Löwenvater und welche die Mutter übernimmt, und wie die Jungen das Jagen lernen. Vielleicht ist es Ihnen möglich, ein Video auszuleihen.

5. EINHEIT

Wiederholung des Gelernten
Die Kinder dürfen das Gelernte wiederholen (wobei man mit Bildern ihrem Gedächtnis nachhelfen kann). Um alles lebendiger und eindrücklicher zu machen, empfiehlt sich ein Ausflug in den Zoo oder Wildpark, wo es Löwen und andere Wildkatzen gibt.